16 19
LES VOYAGES du Sr de Champlain Capitaine ordinaire pour le ROY en la nouuelle France es années. 1615. et 1618.
dediés au ROY.
chez C. Collet, au Pallais a Paris.

VOYAGES ET DESCOVVERTVRES

FAITES EN LA NOVVELLE

France, depuis l'année 1615. iusques
à la fin de l'année 1618.

Par le Sieur de Champlain, Cappitaine
ordinaire pour le Roy en la Mer du Ponant.

Où sont descrits les mœurs, coustumes, habits,
façons de guerroyer, chasses, dances, festins, &
enterrements de diuers peuples Sauuages, & de
plusieurs choses remarquables qui luy sont arri-
uées audit païs, auec vne description de la beauté, fertilité, & temperature d'iceluy.

A PARIS,

Chez CLAVDE COLLET, au Palais, en la
gallerie des Prisonniers.

M. D. C. XIX.

Auec Priuilege du Roy.

AV ROY.

SIRE,

Voicy vn troi-
siesme liure cõ-
tenant le. dis-
cours de ce qui
s'est passé de plus remarquable
aux voyages par moy faits en la
nouuelle France, à la lecture duquel i'estime que V. M. prendra
vn plus grand plaisir qu'aux
precedents, d'autant qu'iceux
ne dessignent rien que les ports

EPISTRE

havres, scituations, declinaisons
& autres matieres plus propres
aux Nautonniers, & Mariniers,
que non pas aux autres. En celuy - cy vous y pourrez remarquer plus particulierement les
mœurs & façons de viure de
ces peuples, tant en particulier
que general, leurs guerres, mu-
nitions, façons d'assaillir, & se
deffendre, leurs expeditions, retraicte en plusieurs particulari-
tez, seruant à contenter vn esprit curieux; Et comme ils ne
sont point tant sauuages, qu'a-
uec le temps, & la frequentation d'vn peuple ciuilizé, ils ne
puissent estre rédus polis: Vous
y verrés pareillement qu'elle &
combien grande est l'esperance

que nous auós de tant de longs
& penibles trauaux que depuis
quinze ans nous fouſtenons,
pour planter en ce pays l'eſten-
dart de la Croix , & leur enſei-
gner la cognoiſſance de Dieu,
& gloire de ſon Sainɕt Nom,
eſtant noſtre deſir d'augmenter la Charité enuers ſes miſerables Creatures , qui nous,
conuiaint ſupporter patiemment plus qu'aucune autre
choſe , & encore que pluſieurs
n'ayent pas pareil deſſeing, ains
que l'on puiſſe dire que le deſir
du gain eſt ce qui les y pouſſe:
Neantmoins on peut probable-
ment croire que ce ſont des mô-
yens dont Dieu ſe ſert pour
plus faciliter le ſainɕt deſir des

autres: Que si les fruicts que les arbres portent sont de Dieu, à celuy qui est Seigneur du Sol, où ils sont plantez, & qui les à arrousez, & entretenus, auec vn soing particulier. V.M. se peut dire legitime Seigneur de nos trauaux, & du bien qui en reüssira, non seulement pour ce que la terre vous en appartient, mais aussi pour nous auoir protegé contre tant de sortes de personnes qui n'auoient autre desseing qu'en nous troublant empescher qu'vne si saincte deliberation ne peust reüssir, & nous ostant la permission de pouuoir librement negotier, en partie de ses pays, & mettre le tout en confusion, qui seroit en vn mot

tracer le chemin pour tout perdre, au prejudice de voſtre eſtat,
vos ſujeƈts ayant employé à cét
effeƈt tous les artifices dont ils
ſc ſont peu aduiſer, & tous les
moyens qu'ils ont creu nous y
pouuoir nuire, qui tous ont eſté
leuées par V. M. aſſiſtée de ſon
prudent Conſeil, nous authori-
ſant de ſon nom, & ſouſtenants
par ſes arreſts qu'elle à rendus à
noſtre faueur. C'eſt vn occaſion
pour accroiſtre en nous le deſir
qu'auons dés long-temps d'enuoyer des peuplades & colon-
nies par delà, pour leur enſei-
gner auec la cognoiſſance de
Dieu, la gloire & les triomphes
de V M. de faire en ſorte qu'a-
uec la langue Françoiſe ils con-

EPISTRE

soiuent auffi vn cœur, & courage françois, lequel ne refpire-
ra rien tant apres la crainte de
Dieu, que le defir qu'ils auront
de vous feruir : Que fi noftre
deffeing reüffit, la gloire en fera
premierement a Dieu, puis à V.
M. qui outre mille benedictions
qu'elle en reçeura du Ciel, en
recompenfe de tant d'ames auf-
quelles elle en donnera par ce
moyen l'entrée, fon nom en fera immortalifé pour auoir porté la gloire, & le fceptre des
François, autant en Occident
que vos deuanciers l'ont eften-
du en Orrient, & par toute la
terre habitable: ce fera augmenter la qualité de Tref-Chreftien
qui vous appartient par deffus

tous les Rois de la terre , & mō-
trer qu'elle vous eſt autant deuë
par merite,comme elle vous eſt
propre de droit, ayant eſté trãs-
miſe par vos predeceſſeurs depuis qu'ils ſe l'acquirẽt par leurs
vertus, d'auoir voulu embraſſer
auec tant d'autres importans affaires le ſoing de celle - cy grandement negligée par cy-deuãt,
eſtãt vne grace ſpecialle de Dieu
d'auoir voulu reſeruer ſous voſtre regne l'ouuerture de la predication de ſon Euangille, & la
cognoiſſance de ſon Saint Nom
à tant de nations qui n'en a-
uoient iamais oüy parler, qu'vn
iour Dieu leur fera la grace,
comme nous , de le prier inceſ-
ſamment qu'il accroiſſe ſon em-

pire, & donne mille benedictions à voſtre Majeſté.

SIRE,

> Voſtre treſ-humble,
> tres-fidelle & obeïſſant
> ſeruiteur & ſubject,

CHAMPLAIN.

PREFACE.

Out ainſi qu'en la
diuerſité des af-
faires du Monde
chacune choſe tẽd
à ſa perfection, &
à la conſeruation de ſon eſtre,
auſſi d'autre-part l'hõme ſe plaiſt
aux choſes differentes des autres
pour quelque ſubiect, où pour le
bien public, où pour acquerir (en
cét eſlongnement du commun)
vne loüange & reputation auec
quelque proffict. C'eſt pourquoy
pluſieurs ont frayé ceſte voye,
mais quant à moy i'ay faict eſle-

PREFACE.

ction du plus fascheux & penible
chemin, qui est la perilleuse naui-
gation des Mers, à dessein toutesfois, non d'y acquerir tant de biës,
que d'honneur, & gloire de Dieu,
pour le seruice de mon Roy, & de
ma patrie, & apporter par mes
labeurs quelque vtilité au public,
protestant de n'estre tenté d'aucune autre ambition, comme il se
peut assez recognoistre, tant par
mes déportements du passé, que
par le discours de mes voyages,
faits par le commandement de sa
Maiesté en la nouuelle France
contenus en mon premier & se-
cond liure, ainsi qu'il se verra par
celuy-cy: Que si Dieu benist nostre desseing, qui ne tend qu'à sa
gloire, & de nos découuertures &

PREFACE.

laborieux trauaux il me reüßit
quelque fruict, ie luy en renderay
l'action de graces, & à sa Maiesté, pour sa protection & aßistan-
ce vne continuation de prieres
pour l'augmentation & accroif-
sement de son regne.

PAr grace & Priuilege du Roy, il est
permis à CLAVDE COLLET,
Marchand Libraire en nostre Ville de
Paris, d'Imprimer ou faire Imprimer
par tel Imprimeur que bon luy sem-
blera vn liure intitulé, *Les voyages & des-*
couuertures faites en la nouuelle France, depuis
l'année 1615. iusques à la fin de l'année 1618. par
le Sieur de Champlain, Cappitaine ordinaire
pour le Roy en la Mer du Ponant, Et sont faites deffences à tous Libraires & Impri-
meurs de nostre Royaume, d'Imprimer n'y faire Imprimer, vendre n'y de-
biter ledit liure, si ce n'est du consentement dudit Collet, & ce pour le temps
& terme de six ans, à commencer du
iour que ledit liure sera acheué d'Imprimer, sur peine de confiscatiõ des exem-
plaires, & de quatre cens liures damen-
de, moitié à nous applicable, & l'autre
audit exposant. Voulans en oultre quoy
fesant, mettre ledit Priuilege au commencement ou à la fin dudit liure. Car
tel est nostre plaisir. Donné à Paris le 18.
iour de May, 1619.

    Et de nostre regne le dixiesme.
    Par le Conseil.
       DE CESCAVD.

VOYAGE DV SIEVR

de Champlain, en la nouuelle France, faict en l'année, 1615.

L'Extréme affection que i'ay touſiours euë aux deſcouuertures de la nouuelle France, m'a rendu deſireux de plus en plus a trauerſer les terres, pour en fin auoir vne parfaicte cognoiſſance du pays, par le moyen des fleuues, lacs, & riuieres, qui y ſont en grand nombre, & auſſi recognoiſtre les peuples qui y habitent, a deſſein de les amener à la cognoiſ-

A

sance de Dieu. A quoy i'ay tra-
uaillé continuellement depuis
quatorze à quinze ans sans pouuoir auancer que fort peu de
mes desseins, pour n'auoir esté
assisté comme il eust esté necessaire à vne telle entreprise. Neāt-
moins ne perdant courage, ie
n'ay laissé de poursuiure, & fre-
quenter plusieurs nations de ces
peuples sauuages, & familliari-
sant auec eux, i'ay recogneu, &
iugé, tant par leurs discours, que
par la cognoissance des-jà acquise; qu'il ny auoit autre; ny
meilleur moyen, que de patien-
ter, laissant passer tous les orages
& difficultez, qui se presente-
roient iusques à ce que sa Majesté y apportast l'ordre requise,

& en attendant continuër, tant
les descouuertures audit pays,
qu'a apprendre leur langue, &
contracter des habitudes, & a-
mitiez, auec les principaux des
Villages, & des Nations, pour
jetter les fondements d'vn edi-
fice perpetuel, tant pour la gloire de Dieu, que pour la renom-
mée des François.

Et depuis sa Majesté ayant remis, & disposé la sur-intendance
de ceste affaire entre les mains
de Monseigneur le Prince de
Condé, pour y apporter l'ordre,
& que ledit Sieur soubs l'auctorité de sa Majesté, nous mainte-
noit contre toutes sortes d'en-
uies, & alterations, qui proue-
noient d'aucuns mal-vueillants.

Cela, dis-je, m'a comme animé
& redoublé le courage en la có-
tinuation de mes labeurs aux
descouuertures de ladite nouuelle France, & en augmentant
icelles, ie poussay ce dessein iusques dans les terres fermes, &
plus auant que ie n'auois point
encores fait par le passé, comme
il sera dit cy-apres, en l'ordre &
suite de ce discours.

Mais auparauant il est à propos de dire, qu'ayant recogneu
aux voyages precedents, qu'il y
auoit en quelques endroicts des
peuples arrestez, & amateurs du
labourage de la terre, n'ayans
ny foy ny loy, viuans sans Dieu,
& sans religion, comme bestes
brutes. Lors ie iugay à part moy

que ce seroit faire vne grande
faute si ie ne m'employois à leur
preparer quelque moyen pour
les faire venir à la cognoissance
de Dieu. Et pour y paruenir ie
me suis efforcé de rechercher
quelques bons Religieux, qui
eussent le zele, & affection, à la
gloire de Dieu: Pour les persua-
der d'enuoyer, où se transporter
auec moy en ces pays, & essayer
d'y planter la foy, où du moins
y faire ce qui y seroit possible selon leur vacation, & en ce faisant remarquer & cognoistre
s'il s'y pourroit faire quelque
bon fruict, d'autant que pour y
paruenir il faloit faire vne despence qui eust exedé mon pouuoir, & pour quelque raison i'ay

negligé ceste affaire pour vn temps, me representant les difficultez qu'il y auroit au recouurement des choses necessaires, & requises en telle affaire, comme il est ordinaire en semblables voyages. D'ailleurs qu'aucunes personnes ne se presentoient pour y contribuër. Neatmoins estant sur ceste recherche, & la communiquant à plusieurs, il se seroit presenté vn hôme d'honneur, duquel i'auois la frequentation ordinaire, appellé le Sieur Hoüel, Secretaire du Roy, & Contrerolleur General des Sallines de Broüage, homme adonné à la pieté, & doüé d'vn grand zele, & affection, à l'honneur de Dieu, & à l'aug-

mentation de fa Religion, lequel me donna vn aduis qui me
fut fort agreable. A fçauoir qu'il
cognoiſſoit de bons Peres Religieux, de l'ordre des Recollez,
deſquels il s'aſſeuroit, & auoit
tant de familiarité, & de creance enuers eux, qu'il les feroit có-
deſcendre facillement, & entreprendre le voyage, & que pour
les cómoditez neceſſaires pour
trois où quatre Religieux qu'on
y pourroit enuoyer, on ne man-
queroit point de gens de bien
qui leur donneroient ce qui leur
feroit de beſoing, offrant de ſa
part les aſſiſter de ſon pouuoir,
& de faict il en reſcriuit au Pere
du Verger, lequel gouſta & prit
fort bien ceſte affaire, & ſuiuant

A iiij

l'aduis du Sieur Hoüel , il en communiqua & parla a aucuns de ſes freres , qui tous bruſlants de charité, s'offrirent librement à l'entrepriſe de ce Sainct voyage.

Or eſtoit-il pour lors en Xaintonge, duquel lieu il en enuoya deux à Paris, auec vne commiſſió, non toutesfois auec vn pouuoir abſolu, remettant le ſurplus à Monſieur le Nonce de noſtre Sainct Pere le Pape , qui pour lors eſtoit en France, en l'année 1614. & eſtans iceux Religieux en leur maiſon à Paris, il les fut viſiter, eſtant fort aiſe & contét de leur reſolution, & lors tous enſemble fuſmes trouuer ledict Sieur Nonce, auec laditte com-

miſſion pour la luy communi-
quer, & le ſupplier d'y interpo-
ſer ſon auctorité. Mais au contraire il nous diſt qu'il n'auoit
point de pouuoir pour telles affaires, & que c'eſtoit à leur General à qui ils ſe deuoient adreſ-
ſer. Neantmoins laquelle reſponce leſdits Religieux remar-
quans la difficulté de ceſte miſſion, ne voulurent entreprendre
le voyage, ſur le pouuoir du Pere du Verger, craignant qu'il ne
fuſt aſſez autentique, & ſaditte
commiſſion valable, à cauſe dequoy l'affaire fut remiſe à l'autre année ſuiuante. En attendant laquelle ils prirent aduis &
reſolution, ſuiuant laquelle on
diſpoſa toutes choſes pour ceſte

entreprise , qui se deuoit effectuer au printemps lors pro-
chain : en attendant lequel, les
deux Religieux seroient retournez en leur Couuent en Broüage.

Et moy de mon costé, ie ne
laissay de mettre ordre a mes affaires , pour la preparation de ce
voyage.

Et quelque mois apres le des-
partement des deux Religieux,
que le Reueréd Pere Chapoüin,
Prouincial des Peres Recollez,
(homme fort pieux) fut de retour à Paris. Ledit Sieur Hoüel
le fut voir , & luy fit le discours
de ce qui s'estoit passé, touchant
le pouuoir du Pere du Verger, &
la mission qu'il auoit donnée

aux Peres Recollez. Sur lequel
difcours ledit Pere Prouincial
commença à loüer ce deffein, &
le prendre en affection, promettant d'y faire ce qui feroit de fon
pouuoir, n'ayant auparauant
bien pris le fubject de cefte mif-
fion, & eft à croire que Dieu
l'infpira de plus en plus à pour-
fuiure cefte affaire, & en parla
dés lors à Monfeigneur le Prince de Condé, & à tous Meffieurs
les Cardinaux, & Euefques, e-
ftans lors à Paris affemblez pour
la tenuë des eftats, qui tous enfemble loüierent & approuuerét
ce deffein, & pour mõtrer qu'ils
y eftoient portez, affeurerent ledit fieur Prouincial qu'ils trouueroient entr'eux, & ceux de la

Court, vn moyen de leur faire
vn petit fonds, & leur amaſſer
quelque argent pour aſſiſter
quatre Religieux, qu'on choiſi-
roit, & furent dés lors choiſis
pour l'execution d'vne ſi ſainte
œuure. Et affin d'aduancer la
facilité de ceſte affaire, ie fus
trouuer aux eſtats Noſſeigneurs
les Cardinaux & Eueſques, &
leur remonſtray, & repreſentay
le bien & vtilité qui en pouuoit
vn iour reuenir, pour les ſupplier & eſmouuoir à donner, &
faire donner à autres, qui pourroient y eſtre emulez par leur
exemple, quelques aumoſnes &
gratifications, remettant le tout
à leur volonté & diſcretion.

Les aumoſnes qu'on amaſſa

pour fournir aux frais de ce voyage , se monterent à prés de quinze cent liures , qui furent mis entre mes mains , & furent dés lors employez, de l'aduis & en la presence des Peres, en la despence & achapt des choses necessaires , tant pour la nourriture des Peres qui feroient le voyage en ladite nouuelle France, qu'habits, linges, & ornemés qui leur estoit de besoing, pour faire, & dire, le seruice Diuin, lesquels Religieux furent enuoyez deuant à Honfleur, où se deuoit faire leur embarquement.

Or les Peres Religieux qui furent nommez & designez pour ceste saincte entreprise, estoient le Pere Denis, pour Commissaire, Iean Delbeau, Ioseph le Caron, & Pacifique du Plessis, chacun desquels estoit porté d'vne saincte affection, & brusloient de faire le voyage, moyennant la grace de Dieu, affin de voir s'ils pourroient faire quelque bon fruit, & planter en ces lieux l'estendart de Iesus-Christ, auec vne deliberation de viure & mourir pour son sainct Nom, s'il estoit necessaire, & que l'occasion s'en presentast. Toutes choses preparées, ils s'accommoderent des ornements d'Eglise, & nous des choses necessaires pour nostre voyage.

Ie partis de Paris le dernier iour de Feburier, pour aller à Roüen trouuer nos associez,

& leur representer la volonté de Monseigneur le Prince, entr'autres choses le desir qu'il auoit que ces bons Peres Religieux fissent le voyage, recognoissant que mal-aisément les affaires du païs pourroient venir à quelque perfection, où aduancement, si premierement Dieu ny estoit seruy, dequoy nos associez furent fort contents, promettans d'assister lesdits Peres de leur pouuoir, & les entretenir à l'aduenir de leur nourritures.

Lesdits Peres arriuerent à Roüen le vingtiesme de Mars enfuiuant, où nous sejournasmes quelque temps, & de là fusmes à Honfleur, pour nous em-

barquer, où nous sejournasmes
aussi quelques iours, en attendāt
que nostre vaisseau fut appareillé, & chargé des choses necessaires pour vn si long voyage, &
cependant on se prepara pour la
conscience, à ce que chacun de
nous s'examinast, & se purgeast
de ses pechez, par vne peniten-
ce, & confession d'iceux, affin
de faire son bon iour, & se mettre en estat de grace, pour puis
apres estants plus libres, chacun en sa conscience, s'exposer
en la garde de Dieu, & à la mercy des vagues de ceste grande
& perilleuse Mer.

Embar-
quement
de l'Au-
theur, &
des Peres
Recollez,
Ce faict, nous nous embarquasmes dedans le vaisseau de
ladite Association, qui estoit de

trois

trois cens cinquante tonneaux, appellé le S. Estienne, dans lequel commandoit le Sieur du Pont Graué, & partismes dudit Honfleur le vingt-quatriesme iour d'Aoust audit an, & filmes voile auec vent fort fauorable, & voguames sans rencontre de glaces, ny autres hazards, graces à Dieu, & en peu de temps arriuasmes deuant le lieu appellé Tadoussac, le vingt-cinquiesme iour de May, où nous rendismes graces à Dieu, de nous auoir conduit si à propos au port de salut.

Apres on commença à mettre des hommes en besongne pour accommoder nos barques, affin d'aller à Quebec, lieu de

noftre habitation , & au grand
fault Sainct Loüys , ou eftoit le
rendez-vous des Sauuages qui
y viennent traicter.

Les barques accommodées
nous nous mifmes dedans, auec
lefdits Peres Religieux, l'vn defquels appellé le Pere Iofeph fans
s'arrefter ny faire aucun fejour à
Quebec, voulut aller droict au
grand fault, où eftãt, ie veit tous
les Sauuages , & leur façon de
faire. Ce qui l'efmeut d'aller hyuerner dans le pays , entr'autres
celuy des peuples qui ont leur
demeure arreftée, tant pour apprendre leur langue, que voir ce
qu'on en pourroit efperer, en ce
qui regarde leur reduction au
Chriftianifme. Cefte refolution

*A Que-
bec.*

ainſi priſe, il s'é retourna à Quebec le vingtieſme iour de Iuin,
pour auoir quelques ornements
d'Egliſe, & autres choſes pour
ſa commodité. Cependant i'e-
ſtois demeuré audit Quebec
pour donner ordre à ce qui dep-
pendoit de l'habitation, tant
pour le logement des Peres Religieux, qu'ornements d'Egliſe,
& conſtruction d'vne Chappelle, pour y dire & chanter la Meſſe, comme auſſi d'employer autres perſonnes pour deffricher
les terres. Ie m'embarquay donc
pour aller audit ſault, auec le
Pere Denis qui eſtoit arriué ce
meſme iour de Tadouſſac, a-
uec ledit ſieur du Pont-Graué.

Quant est des autres Religieux, à sçauoir les Pere Iean, &
Pacifique, ils demeurerent audit Quebec pour accommoder
leur Chappelle, & donner ordre
à leur logement, lesquels furent
grandement édifiez d'auoir veu
le lieu tout autrement qu'ils ne
s'estoient imaginez, & qui leur
augmenta leur zele.

  Nous arriuasmes à la riuiere
des Prairies, cinq lieuës au des-
sous du saut Sainct Loüys, où
estoient descendus les Sauuages. Ie ne diray point le contentement que reçeurent nos Peres
Religieux, non seulement en
voyant l'estenduë d'vn si grand
fleuue, remply de plusieurs belles isles, entouré d'vn pais de co-

stes aſſez fertiles, côme on peut
iuger en apparence. Mais auſſi
pour y voir grande quantité
d'hommes forts & robuſtes, qui
montrent n'auoir l'eſprit tant
ſauuage, comme les mœurs, &
qu'ils ſe l'eſtoiēt represēté, comme eux-meſmes le confeſſoient
& ce ſeulement faute d'eſtre
cultiuez, & le tout autrement
qu'on ne leur auoit fait entendre. Ie n'en feray point la deſcri-
ption, renuoyant le Lecteur à ce
que i'en ay dit en nos liures precedents, imprimez en l'an mil
ſix cens quatorze.

Et continuant mon diſcours
nous trouuaſmes le Pere Ioſeph
qui s'en retournoit à Quebec,
comme i'ay dit cy-deſſus, pour

ſe preparer & prendre ce qui luy
eſtoit neceſſaire, affin d'aller hyuerner dans le pays. Ce que ie ne
trouuois à propos pour le tẽps,
ains ie luy conſeillois pour ſa
commodité qu'il paſſaſt l'hyuer
en l'habitation ſeulement, &
que le Printemps venu, il pourroit faire le voyage, au moins
durant l'Eſté, m'offrant de luy
faire compagnie & en ce faiſant
il ne laiſſeroit de voir ce qu'il
euſt peu voir en hyuernant, &
retourner paſſer l'hyuer audit
Quebec, où il euſt eu lafrequen-
tation ordinaire de ſes freres, &
d'autres perſonnes qui reſtoient
à l'habitation, à quoy il euſt
mieux proffité que de demeurer ſeul parmy ces peuples, où à

mon aduis il ne pouuoit pas a-
uoir beaucoup de contentemét:
neantmoins pour quelque chofe qu'on luy peuſt faire entédre,
dire, & repreſenter, il ne voulut
changer de deſſein, eſtant pouſ-
fé du zele de Dieu, & d'affection
enuers ces peuples, ſe promettát
de leur faire cognoiſtre leur ſa-
lut.   Et ce qui luy faiſoit entreprendre ce deſſein eſtoit , à ce
qu'il nous repreſenta, qu'il eſtoit
neceſſaire qu'il y allaſt, tant pour
mieux recognoiſtre le naturel
des peuples, que pour apprendre
plus aiſément leur langage , &
quant aux difficultez qu'on luy
repreſentoit debuoir ſe ren-
contrer en leur conuerſation,
il s'aſſeuroit d'y reſiſter, &

B iiij

de les supporter, & de s'accommoder à leurs viures & incommoditez fort bien, & alaigre-
ment, moyennant la grace de
Dieu : de la bonté & assistance
duquel il se tenoit certain & asseuré, & que puis qu'il y alloit
de son seruice, & que c'estoit
pour la gloire de son nom, &
predication de son sainct Euan-
gile, qu'il entreprenoit libremét
ce voyage, s'asseurant qu'il ne
l'abandonneroit iamais en telle
deliberation. Et pour ce qui regarde les commoditez tempo-
relles, il falloit bien peu de chose
pour contenter vn homme qui
ne fait profession que d'vne perpetuelle pauureté, & qui ne recherche autre chose que le Ciel,

non tant pour luy que pour les
autres ſes Confreres : n'eſtant
choſe conuenable à ſa reigle d'a-
uoir autre ambition que la gloire de Dieu, s'eſtant propoſé de
ſouffrir & ſupporter toutes les
neceſſités, peines & trauaux qui
s'offrirôt pour la gloire de Dieu.
Et le voyant pouſſé d'vn ſi ſainct
zele , & ardante charité , ie ne
l'en voulus plus deſtourner, &
partit auec ceſte deliberation
d'y annoncer le premier le nom
de Dieu, moyennant ſa ſaincte
grace, ayant vn grand contentement que l'occaſion ſe pre-
ſentaſt pour ſouffrir quelque
choſe pour le nom, & gloire, de
noſtre Sauueur Ieſus-Chriſt.

Or incontinent que ie fus arriué au fault, ie vifitay ces peuples qui eftoient fort defireux de nous voir, & ioyeux de noftre retour, fur l'efperance qu'ils auoient que nous leur donnerions quelques vns d'entre nous pour les affifter en leurs guerres contre leurs ennemis, nous remontrant que mal-aifément ils pourroient venir à nous fi nous ne les affiftions : parce que les

Iroquois leurs anciens ennemis, eftoient toufiours fur le chemin qui leur fermoient le paffage, outre que ie leur auois toufiours promis de les affifter en leurs guerres, comme ils nous firent entendre par leur truchement. Surquoy ledit fieur du Pont, & moy, aduifames qu'il eftoit tres-

neceſſaire de les aſſiſter, tant
pour les obliger d'auantage à
nous aymer, que pour moyen-
ner la facilité de mes entrepriſes
& deſcouuertures, qui ne ſe
pouuoient faire en apparence
que par leur moyen,& auſſi que
cela leur ſeroit comme vn ache-
minement,& preparation,pour
venir au Chriſtianiſme, en faueur dequoy ie me reſolu d'y aller recognoiſtre leurs païs,& les
aſſiſter en leur guerres,afinde les
obliger à me faire veoir ce qu'ils
m'auoient tant de fois promis.

Nous les fiſmes donc tous aſ-
ſébler pour leur dire nos volon-
tez,leſquelles entéduës,ils nous
promirent de nous fournir deux
mil cinqcents hómes de guerre,

qui feroient merueilles, & qu'à ceſte fin ie menaſſe de ma part le plusd'hommes qu'il me feroit poſſible. Ce que ie leur promis faire, eſtant fort aiſe de les voir ſi bien deliberez. Lors ie commençay à leur deſcouurir les moyens qu'il falloit tenir pour combattre, à quoy ils prenoient vn ſingulier plaiſir, auec demõ-ſtration d'vne bonne eſperance de victoire. Et toutes reſolutiõs priſes nous nous ſeparaſmes, auec intention de retourner pour l'execution de noſtre en-trepriſe. Mais auparauant que faire ce voyage, qui ne pouuoit eſtre moindre que de trois où quatre mois, il eſtoit à propos que ie fiſſe vn voyage à noſtre habitation, pour donner l'ordre requiſe, pendant mon abſence, aux choſes neceſſaires.

Et le iour de enſuiuant, ie party de là pour retourner à la riuiere des Prairies, où eſtant auec deux canaux de Sauuages, ie fis rencontre du Pere Ioſeph, qui retournoit à noſtre habitation, auec quelques ornements d'Egliſe pour celebrer le ſainct Sacrifice de la meſſe, qui fut chantée ſur le bord de ladite riuiere auec toute deuotion, par le Reuerend Pere Denis, & Pere Ioſeph, deuant tous ces peuples qui eſtoient en admiration, de voir les ceremonies dont on vſoit, & des ornemẽts qui leur ſembloient ſi

beaux, comme chose qu'ils n'a-
uoient iamais veuë: car c'estoiét
les premiers qui y ont celebré la
Saincte Messe.

Pour retourner à la continuation de mon voyage, i'arriuay
audit lieu de Quebec le
où ie trouuay le Pere Iean, & le
Pere Pacifique en bonne dispo-
sition , qui de leur part firent
leur debuoir audit lieu, d'appre-
ster toutes choses. Ils y celebre-
rent la saincte Messe, qui ne
s'y estoit encores ditte, aussi ny
auoit-il iamais esté de Prebstre
en ce costé-là.

Ayant mis ordre à toutes
choses, audit Quebec, ie pris
deux hommes auec moy, &
m'en retournay à la riuiere des

Prairies, pour m'en aller auec les
Sauuages , & partis de Quebec
le quatriesme iour de Iuillet, &
le huictiesme dudit mois estant
sur le chemin , ie rencontray le
sieur du Pont, & le Pere Denis,
qui s'en reuenoient audit Quebec, & me dirent que les Sauuages estoient partis bien faschez , de ce que ie n'estois allé auec eux, du nombre desquels plusieurs nous faisoient
morts , où prins des Iro-
quois, d'autant que ie ne
deuois tarder que quatre ,
ou cinq iours , & neantmoins *Partemēt*
i'en retarday dix. Ce qui fai- *du Pere*
soit desesperer ces peuples , & *Ioseph, et*
de douze
mesmes nos François, tant ils e- *François*
stoient desireux de nous reuoir. *auec les*
Sauua-
ges.

ils me dirent que le Pere Ioseph
eſtoit party auec douze François qu'on auoit baillé aux Sauuages pour les aſſiſter. Ces nouuelles m'affligerent vn peu, d'autant que ſi i'y euſſe eſté, i'euſſe
mis ordre à beaucoup de choſes
pour le voyage, ce que ie ne peu
pas, tant pour le petit nombre
d'hommes, comme auſſi pource qu'il ny en auoit pas plus de
quatre où cinq ſeulement qui
ſceuſſent le maniement des armes, veu qu'en telle entrepriſe
les meilleurs ny ſont pas trop
bons. Tout cela ne me fiſt point
pourtant perdre courage à pour-
ſuiure l'entrepriſe, pour l'affection que i'auois de continuër
mes deſcouuertures. Ie me ſe-

paray donc d'auec lefdits fieurs
du Pont, & Pere Denis, auec refolution de m'en aller dans les
deux canaux qui eftoient auec
moy, & fuiure apres nos fauuages, ayans pris les chofes qui
m'eftoient neceffaires.

Le 9. dudit mois, ie m'embarquay moy troifiefme, à fçauoir
l'vn de nos truchemens, & mon
homme, auec dix Sauuages,
dans lefdits deux canaux, qui eft
tout ce qu'ils pouuoient porter,
d'autant qu'ils eftoiét fort chargez & embaraffez de hardes, ce
qui m'empefchoit de mener des
hommes d'auantage.

Nous continualmes noftre
voyage amont le fleuue S. Laurens, quelques fix lieuës, & fu-

Fleuue S.
Laurens.

C

mes par la riuiere des Prairies, qui defcharge dans ledit fleuue, laiffant le fault Sainct Loüys cinq ou fix lieuës plus amont, à la main feneftre, où nous paffaf- mes plufieurs petits fauts par ce- fte riuiere, puis entrafmes dans vn lac, lequel paffé, rentrafmes dans la riuiere, ou i'auois efté au- parauant, laquelle va, & con- duit aux Algommequins, di- ftante du fault Sainct Loüys de quatre-vingt neuf lieuës, de la- quelle riuiere i'ay fait ample defcription en mon precedent liure, & traicté de mes defcou- uertures, imprimé en l'année mil fix cents quatorze. C'eft pourquoy ie n'en parleray point en ce traicté, & continuëray

mon voyage iufques au lac des
Algommequins, ou eftant, rentrafmes dedans vne riuiere qui
defcend dedans ledit lac, & al-
lafmes amont icelle quelque
trente-cinq lieuës, & paffafmes
grande quantité de faults , tant
par terre, que par eau, & en vn
pays mal aggreable, remply de
fapins, boulleaux, & quelques
chefnes, force rochers,& en plufieurs endroicts vn peu montagneux. Au furplus fort defert,&
fterille, & peu habité, fi ce n'eft
de quelques Sauuages Algommequins, appellez Otaguottouemin , qui fe tiennent
dans les terres, & viuent de
leurs chaffes,& pefcheries qu'ils
font aux riuieres, eftangs,

Lac des Algommequins.

Pais des Algommequins.

Arbres du pais.

Otaguottouemin.

Viure des Algommequins.

& lacs, dont le païs eſt aſſez muny. Il eſt vray qu'il ſemble que
Dieu à voulu donner à ces terres affreuſes & deſertes quelque
choſes en ſa ſaiſon, pour ſeruir
de rafraichiſſement à l'homme,
& aux habitans de ces lieux. Car
ie vous aſſeure qu'il ſe trouue le
long des riuieres ſi grande quantité de bluës, qui eſt vn petit
fruict fort bon à manger, & force framboiſes, & autres petits
fruicts, & en telle quantité, que
ceſt merueilles: deſquels fruicts
ces peuples qui y habitent en
font ſeicher pour leur hyuer,
comme nous faiſons des pru-
neaux en France, pour le Careſ-
me. Nous laiſſames icelle riuiere
qui vient du Nort, & eſt celle

par laquelle les Sauuages vont
au Sacquenay pour traicter des
Pelletries, pour du Petun. Ce
lieu eft par les quarante & fix
degrez de latitude aſſez aggreable à la veuë, encores que de peu
de rapport.

Continuant noftre chemin
par terre, en laiſſant ladite riuiere des Algommequins, nous
paſſames par pluſieurs lacs, où
les ſauuages portent leurs canaux iuſques à ce que nous entraſmes dans le lac des Nipiſieri- *Lac des*
nij, par la hauteur de quarante- *Nipiſie-*
fix degrez, & vn quart de latitu- *rinii.*
de. Et le vingt-fixieſme iour
dudit mois, apres auoir faict, tant
par terre que par les lacs vingt-
cinq lieuës, où enuiron. Ce faict

nous arriuaſmes aux cabannes
des Sauuages, ou nous ſejour-
naſmes deux iours auec eux. Ils
nous firent fort bonne reception, & eſtoient en bon nombre: Se ſont gens qui ne cultiuét
la terre que fort peu. *A.* vous
montre l'habit de ces peuples allant à la guerre. *B.* celuy des
femmes, qui ne diffaire en rien
de celuy des montaignairs, &
Algommequins grands peuples
& qui s'eſtendent fort dans les
terres, voyez en la page 23. Du-
rât le temps que ie fus auec eux,
le Chef de ſes peuples, & autres
des plus anciens, nous feſtoye-
rent en pluſieurs feſtins, ſelon
leur couſtume, & m'eſtoient
peine d'aller peſcher & chaſſer,

pour nous traicter le plus deli-
catement qu'ils pouuoient. Ces
dicts peuples estoient bien en
nombre de sept à huict cent a-
mes, qui se tiennent ordinairement sur le lac, où il y a grand
nombre d'isles fort plaisantes, &
entr'autres vne qui a plus de six
lieuës de long, où il y a 3. ou 4.
beaux estans, & nõbre de belles
prairies, auec de tresbeaux bois
qui l'enuirónent, ou il y a abõdã
ce de gibier, qui se retirent dans
cesdits petits estangs, ou les Sauuages y prennent du poisson. Le
costé du Septentrion dudict lac
est fort agreable, il y a de belles
prairies pour la nourriture du
bestail, & plusieurs petites riuieres qui se deschargent dans iceluy lac.   C   iiij

Pesche des Sau- uages.

Ils faisoient lors pescherie dãs vn lac fort abondant de plu- sieurs sortes de poisson, entr'au- tres d'vn tresbon, qui est de la grandeur d'vn pied de long, cõ- me aussi d'autres especes, que les sauuages peschent pour faire seicher, & en font prouision. Ce lac à en son estenduë quelque huict lieuës de large, & vingt- cinq de long, dans lequel descéd vne riuiere qui vient du No- roüest, par où ils vont traicter les marchandises que nous leur donnons en troque, & retour de leur Pelletries, & ce auec ceux qui y habitent, lesquels viuent de chasse, & de pescheries, pays peuplé de grande quantité, tant d'animaux, qu'oyseaux, & pois-

Nipisie- rinii vi- uent de chasse,& de pesche.

fons.

Apres nous auoir repofé deux iours auec le chef defdits Nipifierinij : nous nous rembarquafmes en nos canaux, & entrames dans vne riuiere, par ou ce lac fe defcharge, & fifmes par icelle quelques trente-cinq lieuës, & defcendifmes par plufieurs petits faults, tant par terre, que par eau, iufques au lac Attigouautan. Tout ce païs eft encores plus mal-aggreable que le precedent, car ie n'y ay point veu le long d'iceluy dix arpens de terre labourable, finon rochers, & païs aucunement montagneux. Il eft bien vray que proche du lac des Attigouautan nous trouuafmes des bleds d'Inde, mais

Lac Atti-gouautan.

en petite quantité, où nos Sauuages furét prendre des fitroüilles qui nous femblerent bonnes, car nos viures commençoient à nous faillir, par le mauuais mefnage defdits Sauuages, qui mangerent fi bien au commencement, que fur la fin il en reftoit fort peu, encores que ne fiffions qu'vn repas le iour. Il eft vray, comme i'ay dit cy-deffus, que les bluës, & framboifes ne nous manquerent en aucune façon, car autrement nous euffions efté en danger d'auoir de la neceffité.

Nous fifmes rencontre de 300. hommes d'vne nation que nous auons nommez les cheueux releuez, pour les

auoir fort releuez, & agencez,
& mieux peignez que nos cour-
tifans, & ny a nulle comparai-
fon, quelque fers, & façõ qu'ils
y puiffent apporter. Ce qui femble leur donner vne belle apparence. Ils n'ont point de brayer,
& font fort decouppez par le
corps,en plufieurs façons de cõ-
partimét: Ils fe paindét le vifage
de diuerfes couleurs, ayants les
narines perçées, & les oreilles
bordées de patinoftres. Quand
ils fortent de leurs maifons ils
portent la maffuë, ie les vifitay
& familiarifay quelque peu, &
fis amitié auec eux. Ie donnay
vne hache à leur Chef, qui en
fut auffi content, & ref-joüy,
que fi ie luy euffe fait quelque

riche prefent, & communiquât
auec luy, ie l'entretins fur ce qui
eftoit de fon païs, qu'il me figu-
ra auec du charbon fur vne efcorce d'arbre.   Il me fift entendre qu'ils eftoient venus en ce
lieu pour faire fecherie de ce
fruict appellé bluës, pour leur
feruir de manne en hyuer , &
lors qu'ils ne trouuent plus rien.
A.C. montre de la façon qu'ils
s'arment allant à la guerre.   Ils
n'ont pour armes que l'arc, & la
flefche, mais elle eft faite en la
façonque voyez dépainte,qu'ils
portent ordinairement , & vne
rondache de cuir boullu,qui eft
d'vn animal comme le bufle,

A
B
C
D

Le lendemain nous nous
feparafmes, & continuafmes
noftre chemin le long du riuage de ce lac des Attigouautan,
où il y à vn grand nombre d'i-
fles, & fifmes enuiron 45. lieuës,
coftoyant toufiours cedit lac.
Il eft fort grand, & à prés de
quatre cent lieuës de longueur,
de l'Orient à l'Occident, &
de large cinquante lieuës, &
pour la grande eftenduë d'i-
celuy, ie l'áy nommé la Mer
douce. Il eft fort abondant
en plufieurs efpeces de tres-
bons poiffons, tant de ceux
que nous auons, que de
ceux que n'auons pas, & prin-
cipalement des Truittes qui
font monftrueufement gran-

des, en ayant veu qui auoient
iufques à quatre pieds & demy , & les moindres qui fe
voyent font de deux pieds
& demy. Comme auffi des
Brochets au femblable , &
certaine maniere d'Efturge-
on , poiffon fort grand , &
d'vne merueilleufe bonté. Le
pays qui borne ce lac en partie eft afpre du cofté du Nort,
& en partie plat , & inha-
bité de Sauuages , quelque
peu couuert de bois , &
de chefnes : Puis apres nous
trauerfames vne baye qui
faiét vne des extremitez du
lac, & fifmes quelques fept
lieuës, iufques à ce que nous
arriuafmes en la contrée des

Village nommé Otoüacha

Attigouautan, à vn village appellé Otoüacha, qui fut le premier iour d'Aoust, où trouuasmes vn grand changement de païs, cestuy-cy estant fort beau, & la plus grande partie deserté,

Pays deserté.

accompagné de force collines, & de plusieurs ruisseaux, qui rendent ce terroir aggreable. Ie fus visiter leurs bleds d'Inde, qui estoient pour lors fort auancez pour la saison.

Ces lieux me semblerent tresplaisans, au regard d'vne si mauaise contrée, d'où nous veniõs de sortir. Le lendemain ie feus à vn autre village appellé Carma-

Village nommé Carmarõ.

ron, distant d'iceluy d'vne lieuë, où il nous receurent fort amiablement, nous faisant festin de leur

leur pain, fitroüilles, & poiſſon
pour la viande, elle y eſt fort rare.   Le Chef dudit Village me
pria fort d'y ſejourner, ce que ie
ne peu luy accorder , ains m'en
retournay à noſtre Village, ou la
deuxieſme nuit comme i'eſtois
allé hors la cabanne pour fuir
les puces qui y eſtoient en grande quantité, & dont nous eſtiós
tourmentez : vne fille peu hon-
teuſe , & effrontement vint à
moy, s'offrant à me faire compagnie, dequoy ie la remerciay,
la renuoyant auec douces remonſtrances, & paſſay la nuict
auec quelques Sauuages.

Le lendemain, ie party de ce
Village, pour aller à vn autre,
appellé Touaguainchain, & à

Village
appellé
Toua-
guain-
chain.

D

vn autre appellé Tequenonqui-
aye, esquels nous fusmes reçeus
des habitans desdits lieux fort a-
miablement , nous faisant la
meilleure chere qu'ils pouuoiét
de leurs bleds d'Inde en plusieurs façons, tant ce pays est
tresbeau, & bon, par lequel il
faict beau cheminer.

De là, ie me fis conduire à
Carhagouha, fermé de triple
pallissade de bois, de la hauteur de trente cinq pieds pour
leur deffence & conseruation:
auquel Village estoit le Pere Ioseph demeurant , & que nous y
trouuasmes, estant fort aise de le
voir en santé, ne l'estant pas
moins de sa part, qui n'espe-
roit rien moins que de me veoir

Bourg nommé Carha-gouha.

Rencôtre du Pere Ioseph.

en ce pais. Et le 12. iour d'Aoust, *Il dit la*
le R.P. celebra la saincte Messe, *Messe.*
& y fut platé vne Croix proche
d'vne petite maisonnette, sepa-
rée du village que les Sauuages
y bastirent pendant que i'y sejournay, en attendant que nos
gens s'apprestoient, & se prepa-
roient pour aller à la guerre, à
quoy ils furent fort longtemps.

Et voyant vne telle longueur
qu'ils apportoient à faire leur
gros, & que i'aurois du temps
pour visiter leur pays : ie me deliberay de m'en aller a petites
iournées de village en village à
Cahiagué, où debuoit estre le *Grand*
rendez-vous de toute l'armée, *village*
distant de Carhagouha de qua- *appellé*
torze lieuës, & partismes *Cahiagué*

de ce Village le 14. d'Aouft, auec
dix de mes compagnons. Ie
vifitay cinq des principaux
Villages , fermez de palliffades
de bois, iufques à ce qu'a Cahiagué, le principal Village du pais,
où il y à deux cents cabannes affés grandes , ou tous les
gens de guerre fe debuoient af-
fembler. Or en tous ces Villages ils nous reçeurent fort cour-
toifement auec quelque hum-
ble accueil. Tout ce pays ou ie
fus par terre contient quelque
20. a 30. lieuës, & eft tres-beau,
foubs la hauteur de quarante
quatre degrez & demy de latitude, pays fort deferté, ou ils fement grande quantité de bleds
d'Inde , qui y vient tres-beau,

comme auſſi des ſitroüilles, herbe au Soleil, dont ils font de
l'huille de la graine : de laquelle
huille ils ſe frottent la teſte. Le
pays eſt fort trauerſé de ruiſſeaux qui ſe deſchargent dedans
le lac. Il y a force vignes & pru-
nes, qui ſont treſbonnes, framboiſes, fraiſes, petites pommes
ſauuages, noix, & vne maniere
de fruict, qui eſt de la forme, &
couleur de petits citrons, & en
ont aucunement le gouſt, mais
le dedans eſt treſbon, eſt pref-
que ſemblable à celuy des ſi-
gues. C'eſt vne plante qui les
porte, laquelle à la hauteur de
deux pieds & demy, chacune
plante n'a que trois à quatre
feuilles pour le plus, & de la

D iij

forme de celle du figuier, & n'a-
porte que deux pommes chacũ
pied. Il y en à quantité en plufieurs endroits, & en eft le fruict
trefbõ, & de bon gouft: les chefnes, ormeaux, & heftres, y font
en quantité, y ayans dedans ce
pays force fapinieres, qui eft la
retraicte ordinaire des perdrix,
& lapins. Il y à auffi quantité de
cerifes petites & merifes, & les
mefmes efpeces de bois que
nous auons en nos forefts de
France, font en ce pays-là. A la
verité ce terroir me femble vn
peu fablonneux, mais il ne laiffe pas d'eftre bon pour cét efpece de froment. Et en ce peu de
pays i'ay recogneu qu'il eft fort
peuplé d'vn nombre infiny

d'ames, sans en ce comprendre les autres contrées , où
ie n'ay pas esté , qui sont,
au rapport commun , autant
où plus peuplées, que ceux cy-
deslus : Me representant que
c'est grand dommage que tant
de pauures creatures viuent,
& meurent, sans auoir la co-
gnoislance de Dieu, & mesmes sans aucune Religion,
ny Loy , soit diuine, Po-
litique , ou Ciuille , e-
stablie parmy eux. Car ils
n'adorent, & ne prient, aucune chose , du moins en
ce que i'ay peu recognoistre
en leur conuersation : Ils
ont bien encore quelque espece de ceremonie entr'eux ,

D iiij

que ie deſcriray en ſon lieu,
comme pour ce qui eſt des mallades , ou pour ſçauoir ce qui
leur doibt arriuer , meſme touchant les morts: mais ce ſont de
certains perſonnages eſtãs parmy eux qui s'en veulent faire à
croire , tout ainſi que faiſoient,
ou ſe faiſoit du temps des anciens Payens qui ſe laiſſoient
emporter aux perſuaſions des
enchanteurs, & deuins, neantmoins la pluſpart de ces peuples ne croyent rien de ce qu'ils
font, & diſent. Ils ſont aſſez cha-
ritables entr'eux, pource qui eſt
des viures: mais au reſte, fort a-
uaricieux. Ils ne donnent rien
pour rien. Ils ſont couuerts de
peaux de Cerfs, & Caſtor, qu'ils

craictent auec les Algommequins, & Nipifierinij, pour du
bled d'Inde, & farines d'iceluy.

Le dixfeptiefme iour d'Aouſt *Arriuée à*
i'arriuay à Cahiagué, ou ie fus *Cahiagué.*
reçeu auec grande alegreſſe, &
recognoiſſance de tous les Sauuages du pays, qui auoient rom-
pu leur deſſeing, penſant ne me
reuoir plus, & que les Iroquois
m'auoient pris, comme i'ay dict
cy-deſſus, qui fut cauſe du grãd
retardement qui ſe trouua en
ceſte expedition, iuſques là
meſmes qu'ils auoient remis la
partie à l'autre année ſuiuante:
Sur leſquelles entrefaictes ils receurent nouuelles comme certaine nation de leurs alliez, qui
habitent à trois bonnes iour-

nées plus haut que les Entouhonorons, aufquels les Iroquois font auffi la guerre, lefquels aliez les vouloient affifter
en cefte expedition de cinq
cens bons hommes, & faire
alliance, & iurer amitié auec
nous, ayants grand defir de
nous voir, & que nous fiffions
la guerre tous enfemble, & dont
ils tefmoignoient auoir du contentement de noftre cognoifsã-
ce, & moy d'auoir trouué cefte
opportunité, pour le defir
que i'auois de fçauoir des nouuelles de ce pays-là : qui n'eft
qu'à fept iournées, d'où les Flamens vont traicter fur le qua-
rentiefme degré, lefquels Sau-

uages, affiftez des Flamens, leur font la guerre, & les prennent prifonniers, & les font mourir cruellement, comme de faict ils nous dirent que l'année paffée faifant la guerre, ils prirent trois defdits Flamens qui les affiftoient, comme nous faifons les Attigouautan : & qu'au combat, il en fut tué vn des leurs. Neantmoins ils ne laifferent pas de renuoyer les trois Flamens prifonniers, fans leur faire aucun mal, croyans que ce fuffent des noftres, encores qu'ils n'euffent aucune cognoiffance de nous, que par oüy dire, n'ayás iamais veu de Chreftien:

car autrement ces trois prifonniers n'euffent pas paffé a fi bon
marché, ny ne pafferont, s'ils en
peuuent prendre, & atraper.
Cefte nation eft fort belliqueu-
fe, à ce que tiennent ceux de la
nation des Attigouotans, ils ny
à que trois Villages qui font au
millieu de plus de 20. autres,
aufquels ils font la guerre, ne
pouuant auoir de fecours de
leurs amis, d'autant qu'il faut
paffer par le pays ces Chouon-
touaroüon, qui eft fort peuple,
où bien faudroit prendre vn
bien grand tour de chemin.

Arriué que ie fus en ce
Village, ou il me conuint fe-
journer, attendant que les hom-

mes de guerre vuisent des Villages circonuoisins pour nous en
aller au pluftoft qu'il nous feroit
poffible, pendant lequel temps
on eftoit toufiours en feftins, &
dances, pour la refioüyffance en
laquelle ils eftoient de nousvoir
fi refolus de les affifter en leur
guerre, & comme s'affeurant
defia de leur victoire.

La plus grande partie de nos
gens affemblez nous partifmes
du village le premier iour de
Septembre, & paffafmes fur le
bord d'vn petit lac, diftant dudit village de trois lieuës, ou il
fe fait de grandes pefcheries de
poiffon, qu'ils conferuent pour
l'hyuer. Il y à vn autre lac tout
ioignant, qui à vingt-fix lieuës

de circuit, descendant dans le petit par vn endroict, où se faict la grande pesche dudit poisson, par le moyen de quantité de pallissades, qui ferme pres-que le destroit, y laissant seulement de petites ouvertu-res, ou ils mettent leurs fillets, ou le poisson se prend, & ces deux lacs se deschargent dans la mer douce. Nous sejournasmes quelque peu en ce lieu pour at-tendre le reste de nos Sauuages, ou estans tous assemblez auec leurs armes, farines, & choses necessaires : on se delibera de choisir des hommes des plus resolus qui se trouueroient en la trouppe, pour aller donner aduis de nostre partement à

ceux qui nous debuoient affister des cinq cents hommes
pour nous joindre , affin
qu'en vn mesme temps nous
nous trouuassions deuant le
fort des enuemis. Ceste deliberation prinse, ils despescherent
deux canaux, auec douze Sauuages des plus robustes , & par
mesme moyen l'vn de nos tru-
chements qui me pria luy permettre faire le voyage : ce que
facillement ie luy accorday,
puisque de sa volonté il y estoit
porté, & par ce moyen verroit
leur pays,& pourroit recognoistre les peuples qui y habitent.
Le dãger n'estoit pas petit, d'autant qu'il faloit passer par le milieu des ennemis.Ils partirẽt le 8.

dudit mois , & le dixiefme enfuiuant il fit vne forte gelée
blanche.   Nous continuafmes
noftre chemin vers les ennemis , & fifmes quelque cinq à
fix lieuës dans ces lacs, & de là
les fauuages porterent leurs canaux enuiron dix lieuës par terre, & rencontrafmes vn autre
lac de l'eftenduë de fix à fept
lieuës de long, & trois de large.
C'eft d'ou fort vne riuiere qui fe
va décharger dãs le grãd lac des
Entouhonorõs, & ayãs trauerfé
ce lac, nous paffafmes vn faut
d'eau, continuant le cours de ladite riuiere , toufiours aual, enuiron foixante quatre lieuës, qui
qui eft l'entrée dudit lac des Entouhonorons & allans, nous
paffafmes

paſſaſmes cinq ſaults par terre.
Les vns de quatre à cinq lieuës
de long, & paſſaſmes par pluſieurs lacs, qui ſont d'aſſez belles
eſtenduës, comme auſſi ladicte
riuiere qui paſſe parmy, eſt fort
abondante en bons poiſſons, e-
ſtant certain que tout ce païs eſt
fort beau, & plaiſant. Le long
du riuage il ſemble que les ar- *Beauté,*
bres ayent eſté plantez par plai- *& ferti-*
ſir, en la pluſpart des endroicts: *lité du*
auſſi que tous ces pays ont eſté *païs.*
habitez au temps paſſé de Sauuages, qui depuis ont eſté con-
train&cts l'abandonner pour la
crainte de leurs ennemis. Les
vignes, & noyers, y ſont en grã-
de quantité, les raiſins viennent
de maturité: mais il y reſte touſ-

jours vne aigreur forr acre, que l'on fent à la gorge en le man-geant en quantité. Ce qui pro-uient à faute d'eſtre cultiuez : ce qui eſt deſerté en ces lieux eſt aſſez agreable. La chaſſe des Cerfs, & Ours, y eſt frequente, & pour l'experience nous y chaſſaſmes, & en priſmes vn aſ-ſez bon nombre en deſſendans, & pour ce faire ils ſe mettoient quatre où cinq cents Sauuages en haye dans le bois, iuſques à ce qu'ils euſſent attaint certai-nes pointes qui donnent dans la riuiere , & puis marchant par ordre ayant l'arc & la fleſche en la main , en criant & menant vn grand bruit pour eſtonner les beſtes , ils vont touſiours

Inuentiõ de chaſſer & prẽdre les Ours, Cerfs, & toute ſor-te de ve-naiſon.

iufques à ce qu'ils viennent au
bout de la pointe. Or tous les a-
nimaux qui fe trouuent entre la
pointe & les chaffeurs font contraints de fe jetter a l'eau, finon
qu'ils paffent à la mercy des fle-
ches qui leurs font tirees par les
chaffeurs, & cependant les Sauuages qui font dans les canaux
pofez & mis exprez fur le bord
du riuage, s'approchant facillement des Cerfs, & autres animaux chaffez & haraffez & fort
eftonnez : lors les chaffeurs les
tüent facillement auec des la-
mes d'éfpées, emmanchées au
bout d'vn bois, en façõ de demiê
picque, & font ainfi leur chaffe:
comme auffi au femblable dans
les ifles, où il y en à quantité.

E ij

Ie prenois vn singulier plaisir à les voir ainsi chasser, remarquāt leur industrie. Il en fut tué beaucoup de coups d'arquebuse, dōt ils s'estonnoient fort: mais il arriua de malheur qu'en tirant vn Cerf, par mesgarde vn Sauuage se rencontra deuant le coup, & fut blessé d'vne harquebusade, ny pensant nullement, comme il est à presupposer, dont il s'ensuit vne grāde rumeur entr'eux, qui neantmoins s'appaisa, en dōnant quelques presens au blessé, qui est la façon ordinaire pour appaiser, & amortir les querelles & où le blessé decederoit, son fait les presens, & dons, aux parens de celuy qui aura esté tué.
Pour le gibier, il est en grande

Accident par l'harquebuse.

Forme d'appaiser les inimitiez.

quantité, lors de fa faifon. Il y à
auffi force gruës, blanches comme fignes, & d'autres efpeces
d'oifeaux, femblables à ceux de
France.

Nous fufmes à petites iournées iufques fur le bord du lac
des Entouhonorons, toufiours
chaffant, comme dit eft cy-deffus, où eftans, nous fifmes la tra-
uerfe en l'vn des bouts, tirant à
l'Orient, qui eft l'entrée de la
grande riuiere Sainct Laurens,
par la hauteur de quarante-trois
degrez de latitude, où il y à de
belles ifles fort grandes en ce
paffage. Nous fifmes enuiron
quatorze lieuës pour paffer iufques à l'autre cofté du lac, tirant

E iij

au Su , vers les terres des ennemis. Les Sauuages cacherent
tous leurs canaux dans les
bois , proches du riuage :
nous fifmes par terre quelque
quatre lieuës fur vne playe de
fable, où ie remarquay vn pays
fort agreable , & beau , trauerfé
de plufieurs petits ruiffeaux , &
deux petites riuieres qui fe def-
chargent au fufdit lac , & force
eftangs & prairies , où il y auoit
vn nombre infiny de gibier , &
force vignes , & beaux bois,
grand nombre de Chaftai-
gners, dont le fruict eftoit encore en leur efcorce. Les Cha-
ftaignes font petites , mais d'vn
bon gouft. Le pays eft rem-

Abondāce
devignes.

Chaftai-
gners.

ply de forefts, fans eftre dé-
ferté, pour la plufpart de ce terroir. Tous les canaux eftans
ainfi cachez, nous laiffafmes
le riuage du lac, qui à quelque quatre-vingt lieuës de
long, & vingt-cinq de large. La plus grande partie duquel eft habité de Sauuages
fur les coftes des riuages d'i-
celuy, & continuafmes no-
ftre chemin par terre, enuiron vingt-cinq à 30. lieuës: Durant quatre iournées nous trauerfames quantité de ruiffeaux, & vne riuiere, pro-
cedante d'vn lac qui fe defcharge dans celuy des Entouhonorons. Ce lac eft de l'e-
ftenduë de 25. où 30. lieuës

de circuit, ou il y à de belles isles,
& est le lieu ou les Iroquois ennemis sont leur pesche de poisson, qui est en abondance.

Le 9. du mois d'Octobre nos
Sauuages allant pour descouurir
rencontrerent 11. Sauuages qui
prirent prisonniers, à sçauoir 4.
femmes, trois garçons, vne fille, & trois hommes, qui alloient
à la pesche de poisson, eslon-
gnez du fort des ennemis de
quelque quatre lieuës. Or est
à noter que l'vn des chefs voyãt
ces prisonniers couppa le doigt
à vne de ces pauures femmes
pour commençer leur supplice
ordinaire: surquoy ie suruins sur
ses entrefaittes, & blasmé le Capitaine Yroquet, luy represen-

Sauuages prennent des fem-mes pri-sonieres.

Cruauté contre les femmes prison-nieres.

tant que ce n'eſtoit l'acte d'vn
homme de guerre, comme il ſe
diſoit eſtre, de ſe porter cruel enuers les femmes, qui n'ont deffence aucune que les pleurs, leſquelles à cauſe de leur imbecili-
té, & foibleſſe, on doibt traicter
humainement. Mais au contraire que cét acte ſera iugé prou e-
nir d'vn courage vil & brutal, &
que s'il faiſoit plus de ces cruau-
tez, qu'il ne me donneroit courage de les aſſiſter, ny fauoriſer,
en leur guerre: A quoy il me re-
pliqua pour toute reſponce, que
leurs ennemis les traictoient de
meſme façon. Mais puis que ceſte façon m'apportoit du déplai-
ſir, il ne feroit plus rien aux femmes, mais bien aux hommes,

puis que cela ne nous eſtoit aggreable.

Le lendemain, ſur les trois
heures apres Midy, nous arriuaſmes deuant le fort de leurs
ennemis, où les Sauuages firent
quelques eſcarmouches les
vns contre les autres : encore
que noſtre deſſeing ne fuſt de
nous deſcouurir iuſques au lendemain : mais l'impatience de
nos Sauuages ne le peuſt permettre, tant pour le deſir qu'ils
auoient de veoir tirer ſur leurs
ennemis, comme pour deli-
urer quelques-vns des leurs qui
s'eſtoient par trop engagez, &
qui eſtoient pourſuiuis de fort
prés. Lors ie m'approchay, &
y fus, mais auec ſi peu d'hómes

*Guerre
contre les
Iroquois.*

que i'auois : neantmoins nous
leur montrafmes ce qu'ils n'a-
uoient iamais veu, ny oüy. Car
auffi-toft qu'ils nous veirent, &
entendirent les coups d'harquebufe, & les balles fiffler à leurs
oreilles , ils fe retirerent prom- *Sauuages*
ptement en leur fort, empor- *craignent*
tant leurs morts, & bleffez, en *les har-*
cefte charge, & nous auffi fem- *quebufa-*
blablement fifmes la retraicte *des.*
en noftre gros, auec cinq ou fix
des noftres bleffez, dont l'vn y
mourut.

Cela eftant faict, nous nous
retirafmes à la portée d'vn ca-
non, hors de la veuë des ennemis, neantmoins contre mon
aduis , & ce qu'ils m'auoient
promis. Ce qui m'efmeut

à leur dire & vſer, de parolles aſſez rudes, & faſcheuſes, affin de
les inciter à ſe mettre en leur deuoir, preuoyant que ſi toutes
choſes alloient à leur fantaiſie,
& ſelon la conduitte de leur cõ-
ſeil, il n'en pouuoit reüſſir que
du mal à leur perte, & ruyne.
Neantmoins ie ne laiſſay pas de
leur enuoyer, & propoſer, dés
moyens dont il falloit vſer, pour
auoir leur ennemis, qui fut de
faire vn Cauallier auec de cer-

Machine de guerre. tains bois, qui leur commande-
roit par deſſus leurs palliſſades:
ſur lequel on poſeroit quatre où

Fortifica- tions de Sauuages. cinq de nos harquebuſiers, qui
tireroient force harquebuſades
par deſſus leurs palliſſades & ga-
leries, qui eſtoient bien munies

de pierres , &par ce moyen on
deſlogeroit les ennemis qui
nous offençoient de deſſus leurs
galleries, & cependant nous
donnerions ordre d'auoir des
ais pour faire vne maniere de
mantelets, pour couurir & gar-
der nos gens des coups de fleſche,& de pierre,dont ils vſoient
ordinairement. Leſquelles choſes,à ſçauoir le dit Caualier & les
mantelets ſe pourroient porter
à la main , & force d'hommes, & y en auoir vn fait en telle ſorte,que l'eau ne pouuoit pas
eſtaindre le feu que l'on y appli-
queroit deuant le fort,& cependant ceux qui ſeroient ſur le Caualier feroient leur deuoir auec
quelques arquebuſiers qui y ſe-

roient logés, & en ce faisãt nous
nous deffendrions en sorte, qu'-
ils ne pourroient aprocher pour
esteindre le feu que nous y ap-
pliquerions à leurs clostures. Ce
qu'ils trouuerent bon, & fort à
propos, & y firent trauailler à
l'instant suiuans mon aduis. Et
de faict, le lendemain ils se mirent en besongne, les vns à
coupper du bois, les autres à l'a-
masser, pour bastir, & dresser,
lesdits Caualliers, & mantelets:
ce qui fut promptement executé, & en moins de quatre
heures, horsmis du bois dont
ils amasserent bien peu pour
brusler contre leurs pallissades,
affin d'y mettre le feu. Ils espe-
roient que ledit iour les cinq

cents hommes promis vien-
droient, defquels neantmoins
on fe doutoit, parce qu'ils ne s'e-
ftoient point trouuez au rendez
vous, comme on leur auoit donné charge, & qu'ils l'auoient
promis. Ce qui affligeoit fort
nos Sauuages : Mais voyants
qu'ils eftoient en affez bon nõbre pour prendre leur fort, fans
autre affiftance, & iugeant de
ma part que la longueur en toutes affaires eft toufiours prejudi-
ciable, du moins à beaucoup de
chofes. Ie le preffay d'attaquer
ledit fort, leur remonftrant que
les ennemis ayãt recogneu leurs
forces, & de nos armes, qui per-
çoient ce qui eftoit à l'efpreuue
des fléches, ils cõmencerent à fe

barricader, & à eux couurir de
bonnes pieces de bois, dont ils e-
ftoient bien munis, & leur Village remply, & que le moins tem-
porifer eftoit le meilleur, comme de fait ils y remedierent fort
bien : car leur Village eftoit en-
clos de quatre bonnes palliffades de groffes pieces de bois, en-
trelaffées les vnes parmy les autres , ou il ny auoit pas plus de
demy pied d'ouuerture entre-
deux, de la hauteur de trente
pieds, & les galleries, comme en
maniere de parapel qu'ils auoiét
garnis de doubles pieces de bois,
à l'efpreuue de nos harquebufa-
des, & proche d'vn eftang qu'ils
eftoient, ou l'eau ne leur man-
quoit aucunement, auec quantité

tité de gouttieres qu'ils auoient
mises entre-deux, lesquelles jettoient l'eau au dehors, & la mettoient par dedans à couuert
pour estaindre le feu.   Voila en
effect la façon dont ils vsent,
tant en leurs fortifficacions qu'-
en leurs deffences, & bien plus
forts que les villages des Attigouautan, & autres.

Nous nous approchasmes
pour attaquer ce village, faisant
porter nostre Cauallier par 200.
hommes les plus forts, qui le
poserent deuant ce village, à
la longueur d'vne picque, où
ie fis monter trois harquebu-
siers, bien à couuert des flesches
& pierres, qui leur pouuoient e-
stre tirées, & jettées. Cependant

F

l'ennemy ne laiſſa pour cela de tirer vn grand nombre de fleſches, qui ne manquerent point, & quantité de pierres qu'ils jettoient par deſſus leurs palliſſades. Neantmoins la multitude infinie des coups d'harquebuſe les contraignirent de deſloger, & d'abandonner leurs galleries, par le moyen, & faueur, d'vn Cauallier qui les deſcouuroit, & ne s'oſoient deſcouurir, ny montrer, combattans à couuert. Et comme on portoit le Caualier, au lieu d'apporter les mantelets par ordre, & celuy où nous debuions mettre le feu, ils les abandonnierent, & ſe mirent à crier contre leurs ennemis, en tirant des coups de fleſches dedans le fort, qui, à mon oppinion, ne faiſoient pas beaucoup de mal aux ennemis. Mais il faut les excuſer, car ce ne ſont pas gens de guerre, & d'ailleurs qu'ils ne veulent point de diſcipline, ny de correction, & ne font que ce qui leur ſemblent bon. C'eſt pourquoy inconſidérément vn d'entr'eux miſt le feu au bois, contre le fort de leurs ennemis, & tout au rebours de bien, & contre le vent, tellement qu'il ne fiſt aucun effect.

Le feu donc paſſé, la pluſpart des Sauuages commencerent à apporter le bois contre les palliſſades, mais en petite quantité, qui feut cauſe que le feu, ſi

peu fourny de bois ne peut faire
grand effect : aufsi que le defordre furuint entre ce peuple, tellement qu'on ne fe pouuoit entendre : ce qui m'affligeoit fort,
i'auois beau crier à leurs oreilles
& leur remonftrer au mieux
qu'il m'eftoit pofsible le danger
ou ils fe mettoient par leur mau-
uaife intelligence, mais ils n'en-
tendoient rien pour le grand
bruit qu'ils faifoient, & voyant
que c'eftoit me rompre la tefte
de crier, & que mes remonftrã-
ces eftoient vaines, & ne pouuant remedier à ce defordre, ny
fairedauãtage:ie me refolu auec
mes gẽs de faire ce qui me feroit
pofsible , & tirer fur ceux que
nous pourrions découurir, & a-

perçeuoir. Cepédāt les ennemis
faiſoient proffit de noſtre deſordre, ils alloient à l'eau, & en jettoient en telle abondance, que
vous euſſiez dit que c'eſtoient
ruiſſeaux qui tomboient par
leurs gouttieres, de telle façon,
qu'en moins de rien ils rendirēt
le feu du tout eſtaint, ſans que
pource ils laiſſaſſent de tirer des
coups de fléches, qui tomboient
ſur nous comme greſle. Ceux
qui eſtoient ſur le Cauallier en
tuërent, & eſtropierent, beaucoup. Nous fuſmes en ce combat enuiron trois heures, il y eut
deux de nos Chefs, & des principaux bleſſez, à ſçauoir vn appellé Ochateguain, l'autre Ora-
ni, & quelque quinze d'autres

Chef des
Sauuages
nommé
Ochate-
guain.

particuliers auſſi bleſſez. Les autres de leur coſté voyants leurs
gens bleſſez, & quelques-vns de
leurs Chefs, ils commençerent
à parler de retraicte, ſans plus
combattre, attendant les cinq
cents hommes qui ne debuoiét
plus guieres tarder a venir, &
ainſi ſe retirerent, n'ayants que
ceſte bouttade de deſordre. Au
reſte les Chefs n'ont point de
commandement abſolu ſur
leurs compagnons, qui ſuiuent
leur volonté, & font à leur fantaiſie, qui eſt la cauſe de leur
deſordre, & qui ruyne toutes
leurs affaires : Car ayant reſolu quelque choſe auec les
principaux, il ne faudra qu'vn
beliſtre, où de neant, pour rom-

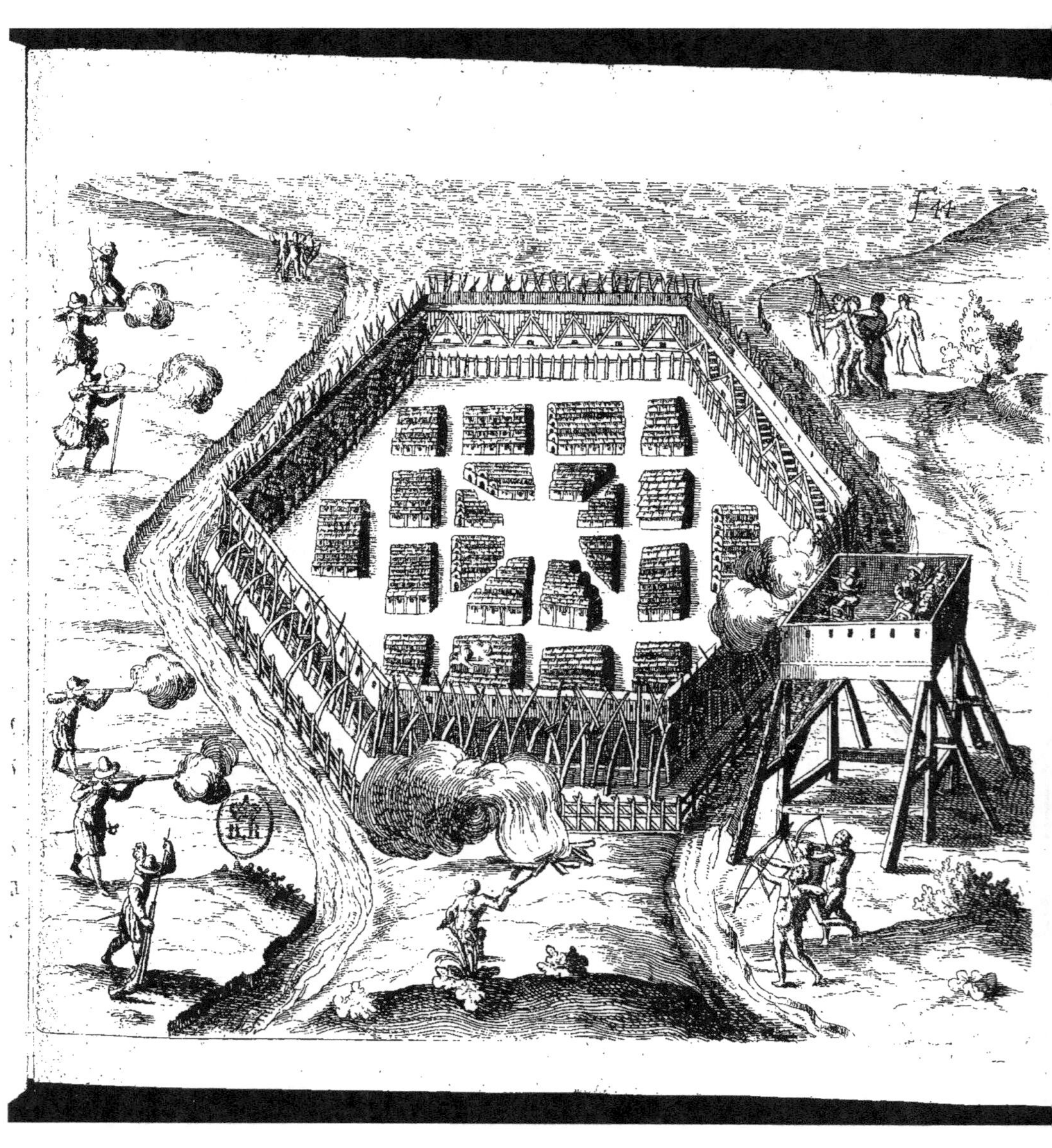

pre vne refolution , & faire vn
nouueau deſſeing , ſi la fantaiſie
luy en prend. Ainſi les vns pour
les autres ne font rien,comme il
ſe peut veoir par ceſte expedition.

Mais nous nous retiraſmes en noſtre fort , moy eſtant bleſſé de deux coups de fleſches , l'vn dans la jambe, & l'autre au ge- noüil , qui m'apporta grande incommodité , outre les gran- des & extreſmes douleurs. Et e- ſtans tous aſſemblez, ie leur fis pluſieurs remonſtrances ſur le deſordre qui s'eſtoit paſſé, mais tous mes diſcours ſeruoiét auſſi peu que le taire, & ne les émeut aucunement, diſans que beau- coup de leurs gens auoient eſté

L'Au- theur eſt bleſſé.

bleſſez, & moy-meſme, & que
cela donneroit beaucoup de fatigue, & d'incommodité, aux
autres, faiſant la retraicte pour
les porter, & que de retourner
plus contre leurs ennemis, comme ie leur propoſois le debuoir
faire, il ny auoit aucun moyen,
mais bien qu'ils attendroient
encores quatre iours les cinq
cents hommes qui debuoient
venir, & eſtans venus, ils feroiét
vn ſecond effort contre leurs
ennemis, & executeroiétmieux
ce que ie leur dirois, qu'ils n'a-
uoient fait par le paſſé. Il en fallut demeurer là, à mon grand
regret. Cy-deuant eſt repreſenté comme ils fortifient leurs villes, & par ceſte figure l'on peut

entendre, & voir, que celles des amis, & ennemis, sont semblablement fortifiez.

Le lendemain il fit vn vent impetueux qui dura deux iours, fort fauorable à mettre le feu de rechef au fort des ennemis : sur quoy ie les pressay fort, mais ils n'en voulurent rien faire, comme doutant d'auoir pis, & d'ailleurs se representans leurs blessez.

Nous fusmes campez iusques au 16. dudit mois, ou durant ce temps il se fist quelques escarmouches entre les ennemis, & les nostres, qui demeurerent le plus souuent engagez parmy les ennemis, plustost par leur imprudence, que faute de

courage , vous asseurant qu'il
nous falloit „ à toutes les fois
qu'ils alloient à la charge, les aller requerir , & les des engager
de la presse , ne se pouuant retirer qu'en la faueur de nos har-
quebusiers , ce que les ennemis
redoubtent & apprehendent
fort. Car si tost qu'ils apperçoi-
uoient quelqu'vn de nos har-
quebusiers, ils se retiroient pró-
ptement, nous disans par forme
de persuasion que nous ne nous
meslassions pas en leurs com-
bats, & que leurs ennemis a-
uoient bien peu de courage de
nous requerir de les assister auec
tout plain d'autres discours sur
ce subject pour nous en émou-
uoir.

I'ay reprefenté de la façon qu'ils s'arment allant à la guerre, en la page 23. figure E.

Et quelques iours paffez voyans que les cinq cens hommes ne venoient point, ils delibererent de partir , & faire retraicte au pluftoft, & commencerent à faire certains paniers pour porter les bleffez, qui font mis là dedans, entaffez en vn monceau, pliez & garottez de telle façon, qu'il eft impoffible de fe mouuoir , moins qu'vn petit enfant en fon maillot , & n'eft pas fans faire reçeuoir aux bleffez de grandes & extrefmes douleurs. Ie le puis bien dire auec verité, quand à moy , ayant efté porté quelques iours , d'autant que ie

La maniere d'emmener les bleffez.

ne pouuois me souſtenir, principallement à cauſe du coup de
fleſche que i'auois reçeu au genoüil, car iamais ie ne m'eſtois
veu en vne telle gehenne, durant ce temps, car la douleur
que i'endurois à cauſe de la bleſ-
ſeure de mon genoüil, n'eſtoit
rien au pris de celle que ie ſup-
portois lié & garrotté ſur le dos
de l'vn de nos Sauuages : ce qui
me faiſoit perdre patience, &
qui fiſt qu'auſſi-toſt que ie peu
auoir la force de me souſtenir, ie
ſortis de céte priſon, ou a mieux
dire de la gehenne.

Les ennemis nous pourſui-
uirent enuiron demie lieuë,
mais c'eſtoit de loing, pour eſſa-
yer d'attrapper quelques-vns

de ceux qui faiſoient l'arriere-
garde, mais leurs peines leur demeura vaines, & ſe retirerent.

Or tout ce que i'ay veu de bon
en leur guerre eſt, qu'ils font
leur retraicte fort ſeurement, *Prudente*
mettans tous les bleſſez, & les *façon de*
vieux, au milieu d'eux, eſtant *faire la*
ſur le deuant aux aiſelles, & ſur *retraite.*
le derriere bien armez, & arran-
gez par ordre de la façon, iuſques à ce qu'ils ſoient en lieu de
ſeureté, ſans rompre leur ordre.

Leur retraicte eſtoit fort longue, comme de vingt-cinq à 30.
lieuës, qui donna beaucoup de
fatigue aux bleſſez, & à ceux
qui les portoient, encores qu'ils
ſe changeaſſent de temps en
temps.

Le dixhuictiesme iour dudict
mois, il tomba forces neiges, &
gresle, auec vn grand vent qui
nous incommoda fort. Neantmoins nous fismes tãt que nous
arriuasmes sur le bord dudict lac
des Entouhonorõs, & au lieu où
estoient nos canaux cachés, que
l'on trouua tous entiers : car on
auoit eu crainte que les ennemis
les eussent rompus, & estãs tous
assemblez, les voyants prests de
se retirer à leur Village , ie les
priay de me remener à nostre
habitation, ce qu'ils ne vouloiét
accorder du commencement:
mais en fin ils se resolurent, &
chercherent 4. hõmes pour me
conduire, ce qui fut fait, lesquels
quatre hommes s'y offrirent vo-

lontairement: Car, comme i'ay
dit cy-deſſus, les Chefs n'ont
point de commandement ſur
leurs compagnons, qui eſt cauſe
que bien ſouuent ils ne font pas
ce qu'ils voudroient bien , &
ces hommes eſtát trouués, il fa-
lut trouuer vn canau , qui ne ſe
peut recouurer, chacun ayát affaire du ſien , & n'en ayant plus
qui ne leur en faloit. Ce n'eſtoit
pas me donner ſujet de contentement , ains au contraire cela
m'affligeoit fort, mettát en dou-
te quelque mauuaiſe volonté,
d'autant qu'ils m'auoiét promis
de me remener,& conduire,iuſ-
ques à noſtre habitation , apres
leur guerre , & outre que i'e-
ſtois fort mal accommodé pour

hiuerner auec eux, car autremēt
ie ne m'en fuſſe pas ſouciè: & ne
pouuans rien faire, il fallut ſe reſoudre à la patience.   Mais depuis apres quelques iours ie recogneu que leur deſſeing eſtoit
de me retenir auec mes compagnons en leur pays, tant pour
leur ſeureté, craignant leurs ennemis, que pour entendre cequi
ſe paſſoit en leurs Conſeils, &
aſſemblées, que pour reſoudre
ce qu'il conuenoit faire à l'aduenir contre leurſdits ennemis,
pour leur ſeureté & conſeruation.

Le lendemain vingt-huictieſ-
me dudit mois, chacun com-
mēça à ſe preparer, les vns pour
aller à la chaſſe des Cerfs, les autres

tres aux Ours Caſtors, autres à
la peſche du poiſſon, autres à ſe
retirer en leurs Villages, & pour
ma retraite & logement il y eut
vn appellé Darontal, l'vn des
principaux chefs, auec lequel
i'auois deſia quelque familiarité, me fiſt offre de ſa cabanne,
viures, & commoditez, lequel
prit auſſi le chemin de la chaſſe
du Cerf, qui eſt tenuë pour la
plus noble entr'eux. Et apres a-
uoir trauerſé le bout du lac de
laditte iſle, nous entraſmes
dans vne riuiere quelque douze
lieuës, puis ils porterent leurs canaux par terre quelque demie
lieuë, au bout de laquelle nous
entraſmes en vn lac qui à d'e-

Chaſſe du
Cerf,
tenuë la
plus no-
ble.

G

ftenduë enuiron dix à douze lieuës de circuit, ou il y auoit grande quantité de gibier, comme Cygnes, gruës blanches, houſtardes, canarts, ſarcelles, mauuis, alloüettes, beccaſsines, oyes, & pluſieurs autres ſortes de vollatilles que l'on ne peut nombrer, dont i'en tuay bon nõbre, qui nous ſeruit bien, attendant la prinſe de quelque Cerf, auquel lieu nous fuſmes en vn certain endroict eſlongné de quelque dix lieuës, où nos Sauuages iugeoient qu'il y auoit des Cerfs en quantité. Ils s'aſſemblerent quelques vingt-cinq Sauuages, & ſe mirent à baſtir deux où trois cabannes de pieces de bois, accommodées l'v-

Lac où il y a grande quantité de gibier.

ne fur l'autre, & les calfeſtrerent
auec de la mouſſe pour empeſ-
cher que l'air ny entraſt, les cou-
urant d'eſcorces d'arbres : ce
qu'eſtant faict ils furent dans le
bois, proche d'vne petite ſapi-
niere, où ils firent vn clos en forme de triangle, fermé des deux
coſtez, ouuert par l'vn d'iceux.
Ce clos fait de grandes palliſſades de bois fort preſſé, de la hauteur de huict à 9. pieds, & de lóg
de chacun coſté prés de mil
cinq cent pas, au bout duquel
triangle y à vn petit clos, qui va
touſiours en diminuát, couuert
en partie de branchage, y laiſſant ſeulement vne ouuerture de cinq pieds, comme
la largeur d'vn moyen portail.

G ij

par ou les Cerfs debuoient en-
trer: Ils firét si bien, qu'en moins
de dix iours ils mirent leur clos
en estat, cependant d'autres sauuages alloient à la pesche du
poisson, comme truittes & brochets de grandeur monstrueu-
se, qui ne nous manquerent en
aucune façon.   Toutes choses
estant faites, ils partirent demie
heure deuant le iour, pour aller
dans le bois , a quelque demie
lieuë de leurdit clos , s'esloignãt
les vns des autres de quelque
quatre-vingt pas, ayant chacun
deux bastons, desquels ils frap-
pent l'vn sur l'autre , marchant
au petit pas en cét ordre, iusques
à ce qu'ils arriuent à leur clos.
Les Cerfs oyant ce bruit s'en-

fuyent deuant eux, iufques à ce
qu'ils arriuent au clos où les fauuages les preffent d'aller , & fe
ioignant peu à peu vers l'ouuerture de leur triangle, où
lefditsCerfs coulent le long def-
dites palliffades , iufques à ce
qu'ils arriuent au bout , où les
Sauuages les pourfuiuent viuement, ayant l'arc & la flefche en
main, prefts à defcocher, & e-
ftant au bout de leurdit triangle
ils commençent à crier, & con-
trefaire les loups, dont y à quantité, qui mangent les Cerfs, lefquels Cerfs oyant ce bruict ef-
froyable, font contraincts d'en-
trer en la retraicte par la petite
ouuerture, où ils font pourfuiuis
fortviuement à coups de flêche,

G iij

où eſtans entrez ils ſont pris ay-
ſement en ceſte retraicte, qui eſt
ſi bien cloſe & fermée, qu'ils n'é
peuuent ſortir aucunement. Ie
vous aſſeure qu'il y à vn ſingulier plaiſir en ceſte chaſſe, qui ſe
faiſoit de deux iours en deux
iours, & firét ſi bien, qu'en tren-
te-huit iours que nous y fuſmes
ils prirent ſix-vingts Cerfs, deſquels ils ſe donnent bonne cu-
rée, reſeruant la graiſſe pour l'hiuer, en vſant d'icelle côme nous
faiſons du beurre, & quelque
peu de chair qu'ils emportent à
leurs maiſons, pour faire des feſtins entr'eux. Ils ont d'autres
inuentions à prendre le Cerf,
comme au piege, dont ils en
font mourir beaucoup. Vous

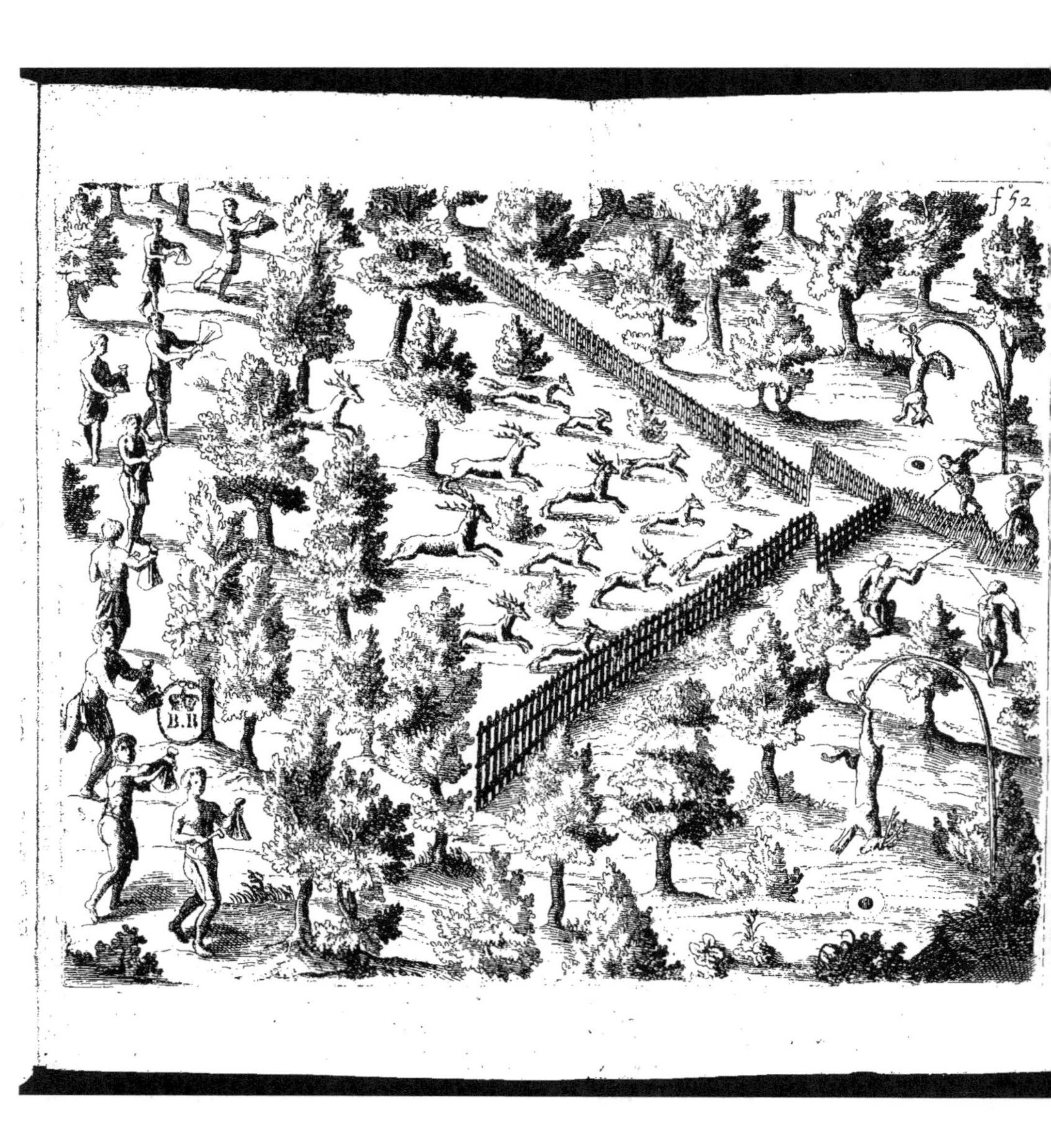
f 52

voyez cy-deuant dépaint la forme de leur chasse, clost & piege,
& des peaux ils en font des habits. Voila comme nous passas-
mes le temps attendant la gelée,
pour retourner plus aysément,
d'autant que le païs est maresca-
geux. Au commencement que
l'on estoit sorty pour aller chasser, ie m'engagis tellement dans
les bois pour poursuiure vn certain oyseau qui me sembloit e-
strange ayant le bec approchant
d'vn perroquet, & de la grosseur
d'vne poulle, le tout iaune, fors
la teste rouge, & les aisles bluës,
& alloit de vol en vol comme
vne perdrix. Le desir que i'auois
de le tuër me fist le poursuiure
d'arbre en arbre fort longtemps.

G iiij

iusques à ce qu'il s'enuolla à bon
escient, & en perdant toute esperance ie voulus retourner sur
mes brisées, ou ie ne trouuay aucun de nos chasseurs, qui auoiét
tousiours gaigné pais, iusques à
leur clos, & taschant les attrapper, allant ce me sembloit droict
ou estoit ledict clos, ie me treuuay égaré parmy les forests, allant tantost d'vn costé, tantost
d'vn autre, sans me pouuoir recognoistre, & la nuit venant me
contraignit de la passer au pied
d'vn grand arbre, iusques au lendemain, ou ie commençay à faire chemin iusques sur les trois
heures du soir, ou ie rencontray
vn petit estang dormant, & y a-
perçeus du gibier que ie fus gy-

boyer, & tuay trois ou quatre
oyſeaux qui me firent grand
bien, d'autāt que ie n'auois mangé aucune choſe. Et le mal pour
moy qui durant trois iours il n'a-
uoit fait aucun ſoleil, que pluye,
& temps couuert, qui m'aug-
mentoit mon deſplaiſir. Las &
recreu, ie commançay à me re-
poſer, & faire cuire de ſes oyſeaux pour aſſouuir la faim qui
commançoit à m'aſſaillir cruellement, ſi Dieu ny euſt remedié:
Mon repas pris, ie commançay
à ſonger en moy ce que ie deb-
uois faire, & prier Dieu qu'il me
donnaſt l'eſprit, & le courage,
de pouuoir ſupporter patiemment mon infortune, s'il falloit
que ie demeuraſſe abandonné

dans ces deserts, sans conseil, ny consolation, que de la bonté & misericorde Diuine, & neantmoins m'éuertuër de retourner à nos chasseurs. Et ainsi remettant le tout en sa misericorde, ie repris courage plus que deuant, allant çà & là tout le iour, sans m'apperçeuoir d'aucune trace, ou sentier, que celuy des bestes sauuages, dont i'en voyois ordinairement en bon nombre. Ie fus contrainct de passer icelle nuict, & le mal pour moy estoit que i'auois oublié apporter sur moy vn petit cadran qui m'eust remis en mon chemin, à peu prés. L'aube du iour venu, apres auoir repeu vn peu, ie commé-çay à m'acheminer iusques à ce

que ie peuſſe récontrer quelque
ruiſſeau , & coſtoyer iceluy,
iugeant qu'il falloit de neceſſité
qu'il allaſt décharger en la riuiere, ou ſur le bord, ou eſtoient ca-
nez nos chaſſeurs. Ceſte reſolution priſe, ie l'executay, ſi bien,
que ſur le midy ie me treuuay
ſur le bord d'vn petit lac, côme
de lieuë & demie , ou i'y tuay
quelque gibier , qui m'accom-
modoit fort à ma neceſſité , &
auois encore quelque huiɕt à
dix charges de poudre , qui
me conſoloit fort. Ie ſuiuay le
lóg de la riue de ce lac, pour voir
où il déchargoit, & trouuay vn
ruiſſeau aſſez ſpacieux que ie
cómançay à ſuiure, iuſques ſur
les cinq heures du ſoir, que i'en-

tendis vn grand bruict, & pre-
ftant l'oreille, ie ne pouuois bõ-
nement comprendre ce que c'e-
ftoit, iufques à ce que i'entendis
le bruict plus clairement, & iugay que c'eftoit vn fault d'eau
de la riuiere que ie cherchois : ie
m'acheminay de plus preft, &
apperçeus vn eclufie, ou éftant
paruenu ie me rancontray en vn
grand pré, & fpacieux, ou il y a-
uoit grand nombre de beftes
Sauuages & regatdant à la main
droite, i'apperçeus la riuiere, lár-
ge & fpacieufe : ie commançáy
a regarder fi ie ne pourrois reco-
gnoiftre cét endroit, & marchãt
en ce pré i'apperçeut vn petit fé-
tier, qui eftoit par ou les Sauuages portoient leurs canaux , &

en fin apres auoir bien confideré , ie recognus que c'eftoit la
mefme riuiere , & que i'auois
paffé par là, & paffay encore la
nuict auec plus de contentemét
que ie n'auois fait , & ne laiffay
de foupper de fi peu que i'auois.
Le matin venu, ie reconfideray
le lieu ou i'eftois,& recognus de
certaines montagnes qui eftoiét
fur le bord de ladite riuiere, que
ie ne m'eftois point trompé , &
que nos chaffeurs deuoient eftre
au deffoubs de moy, de quatre
ou cinq bonne lieuës que ie fis à
mon aife, coftoyant le bord de
ladite riuiere , iufques à ce que
i'apperçeus la fumée de nofdits
chaffeurs, auquel lieu i'arriuay
auec beaucoup de contentemét

tant de moy que deux qui é-
stoient encore en queste à me
chercher, & auois perdu comme esperance de me reuoir, me
priãt de ne m'écarter plus d'eux,
où tousiours porter auec moy
mon cadran, & ne l'oublier : &
me disoient si tu ne fusse venu,
& que nous n'eussions peu te
trouuer, nous ne serions plus al-
lez aux François, de peur que
ils ne nous eufsét acculez de t'a-
uoir fait mourir. Depuis il étoit
fort soigneux de moy quand
i'allois a la chasse, me donnant
tousiours vn Sauuage pour ma
compagnie, qui sçauoit si bien
retrouuer le lieu d'ou il partoit,
que c'est chose estrange à voir.
Pour retourner à mon propos,

ils ont vne certaine refuerie en
cefte chaffe, telle, qu'ils croyent
que s'ils faifoient roftir d'icelle
viande, prife en cefte façon, ou
qu'il tombaft de la graiffe dans
le feu, ou que quelques os y fuffent jettez, qu'ils ne pourroient
plus prendre de Cerfs, me priât
fort de n'en point faire roftir,
mais ie me riois de cela , & de
leur façon de faire: mais pour ne
les fcandalifer , ie m'en dépor-
tois volontiers, du moins eftant
deuant eux, mais en arriere i'en
prenois du meilleur, que ie fai-
fois roftir, n'adjouftant foy en
leurs fuperftitions , & puis leur
ayans dict, ils ne me vouloient
croire, difant que fi cela euft efté
ils n'auroient pris aucuns Cerfs,

depuis que telle chose auroit é-
sté commise.

Le quatriesme iour de De-
cembre nous partismes de ce
lieu, march ant sur la riuiere qui
estoit gelée, & sur les lacs & e-
stangs glassez, & quelquesfois
cheminans par les bois l'espace
de dix-neuf iours, ce n'estoit pas
sans beaucoup de peine, & trauail, tant pour les Sauuages qui
estoient chargez de cent liures
pesant chacun, comme de moy
mesme qui auoit la pesateur de
20. liures, qui à la longue m'im-
portunoit beaucoup. Il est bien
vray que i'estois quelques-fois
soulagé par nos Sauuages, mais
nonobstant ie ne laissois pas
d'en receuoir de l'incómodité.

Quand

Quand à eux pour plus aiſémēt
trauerſer les glaces, ils ont accouſtumé de faire de certaines
trainees de bois, ſur leſquels ils
mettent leurs charges & les trai-
nent apres eux ſans aucune difficulté, & vont fort promptement, mais il ſe fiſt quelques
iours apres vn deſgel qui nous
apporta beaucoup de peine &
d'incommodité: Car ils nous
falloit paſſer par dedans des ſa-
pinieres plaines de ruiſſeaux
eſtangs, marais, & pallus, auec
quantité des boiſees, renuerſees
les vnes ſur les autres, qui nous
donnoit mille maux, auec des
ambaraſſemens qui nous apportoit de grandes incommoditez
pour eſtre rouſiours moüillez

H

iufques au deſſus du genoüil.
Nous fuſmes quatre iours en
cét eſtat, à cauſe qu'en la plus
grande partie des lieux les glaces ne portoient point, nous fiſmes donc tant que nous arriuaſmes à noſtre village le vingtieſme iour dudit mois, ou le Cappitaine Yroquet vint hiuerner
auec ſes compagnons, qui ſont
Algommequins & ſon fils, qu'il
amena pour faire traiter, lequel
allant à la chaſſe, auoit eſté fort
offéſé d'vn Ours, le voulát tuër.

M'eſtant repoſé quelques
iours, ie me deliberay d'aller
voir le Pere Ioſeph, & de la voir
les peuples en l'hiuer, que l'eſté,
& la guerre, ne m'auoient peu
permettre de les viſiter. Ie par-

ty de ce Village le quatorzief-
me de Ianuier enfuiuant, apres
auoir remercié mon hofte du
bon traictement qu'il m'auoit
fait, efperans ne le reuoir de trois
mois, & print congé de luy.

Le lendemain ie vis le Pere
Iofeph en fa petite maifonnette
ou il s'eftoit retiré, comme i'ay
dit cy-deffus: ie demeuray auec
luy quelques iours, fe trouuant
en deliberation de faire vn voyage aux gens du Petun, comme i'auois deliberé, encores qu'il face tres-fafcheux de
voyager en temps d'hyuer, &
partifmes enfemble le quinzief-
me Feurier, pour aller vers icelle nation, ou nous arriuafmes le
dixfeptiefme dudit mois. Ces

peuples du Petun femét le Mais
appellé par deçà bled de Turquie, & ont leur demeure arreftée comme les autres. Nous
fufmes en fept autres Villages
leurs voifins & alliez, auec lefquels nous contractafmes amitié: ils nous promirent de venir vn bon nombre à noftre habitation. Ils nous firent fort
bonne chere, & prefent de
chair & poiffon pour faire feftin
comme eft leur couftume, ou
tous les peuples accouroient de
toutes parts pour nous voir, en
nous faifant mille demonftra-
tions d'amitié, & nous condui-
foient en la plufpart du chemin. Le païs eft remply de co-
ftaux, & petites campagnes, qui

rendent se terroir aggreable : ils
commançoient à baftir deux
Villages, par où nous paſſaſmes
au milieu des bois pour la commodité qui treuuent d'y baftir,
& enclore leurs Villes. Ces peuples viuét comme les Attigno-
uaatitãs, & meſmes couftumes,
& font proches de la natiõ neutre, qui eft puiſſante, qui tiétvne
grandē eftenduë de pays. Apres
auoir viſité ces peuples nous
partiſmes de ce lieü, & fuſmes à
vne nation de Sauuages, que
nous auons nommez les cheueux releuez, leſquels furent
fort ioyeux de nous reuoir, auec
leſquels nous iuraſmes auſſi a-
mitié, & qui pareillement nous
promirent de nous venir trou-

uer, & voir à ladite habitation, à cét endroit: il m'a semblé à propos de les dépaindre, & décrire leurs pays, mœurs, & façons de faire. En premier lieu ils font la guerre à vne autre nation de Sauuages, qui s'appellent Afiftagueroüon, qui veut dire des gés de feu, eflongnez d'eux de dix iournées : ce fait, ie m'informay fort particulierement de leur pays, & des nations qui y habitent, quels ils font, & en qu'elle quantité. Icelle nation font en grand nombre, & la plufpart grands guerriers, chaffeurs, & pefcheurs : Ils ont plufieurs chefs qui commandent chacun en fa contrée, la plus grand part fement des bleds d'inde, & au-

tres. Ce sont chasseurs qui vont
par trouppes en plusieurs regiós
& contrées, ou ils trafficquent
auec d'autres nations, eslon-
gnées de plùs de quatre à cinq
cent lieuës: ce sont les plus propres Sauuages que i'aye veu en
leurs mesnages , & qui trauail-
lent le plus industrieusemét aux
façons des nates , qui sont leurs
tapis de Turquie : Les femmes
ont le corps couuert,& les hom
mes découuert , sans aucune
chose , sinon qu'vne robbe de
fourrure,qu'ils mettent sur leur
corps, qui est en façon de man-
teau,laquelle ils laissent ordinairement, & principallement en
Esté: Les femmes & les filles ne
sont non plus émuës de les voir

H iiij

de la façon, que si elles ne vo-
yoient rien qui sēbleroit estrange : Elles viuent fort bien auec
leurs maris, & ont ceste coustume que lors qu'elles ont leurs
mois, elles se retirent d'auec leur
mary, ou la fille d'auec son pere,
& sa mere, & autres parens, s'en
allant en de certaines maison-
nettes, ou elles se retirent, pendant que le mal leur tient, sans
auoir aucune compagnie d'hō-
mes, lesquels leur font porter
des viures & commoditez iufques à leur retour, & ainsi l'on
sçait celles qui ont leurs mois &
celles qui ne les ont pas. Ce sont
gens qui font de grands festins,
& plus que les autres nations : ils
nous firent fort bonne chere, &

nous reçeurent fort amiablement, & me prierent fort de les
aſſiſter contre leurs ennemis,
qui ſont ſur le bord de la Mer
douce, eſlongnée de deux cent
lieuës, à quoy ie leur diſt que ſe
ſeroit pour vne autre fois, n'e-
ſtant accommodé des choſes
neceſſaires. Ils ne ſçauoient
quelle chere nous faire : i'ay dé-
painct en la page 23. figure C.
comme ils ſont en guerre. Il y à
auſſi à deux iournées d'iceux
vne autre nation de Sauuages,
qui font grand nombre de
Petun, d'vn coſté tirant au Su,
leſquels s'appellent la nation
neutre, qui ſont au nombre de
quatre mil hommes de guerre,
qui habitent vers l'Occident du

lac des Entouhonorons de quatre-vingt à cent lieuës d'estenduë, lesquels neantmoins assistent les cheueux releuez contre les gens de feu :   Mais entre
les Yroquois, & les nostres, ils
ont paix, & demeurent comme
neutres : de chacune nation est
la bien venuë, & ou ils n'osent
s'entredire, ny faire, aucune fas-
cherie, encores que souuent ils
mangent & boiuent ensemble,
comme s'ils estoient bons amis.
l'auois bié desir d'aller voir icelle nation, sinon que les peuples
ou nous estions m'en dissuade-
rent, disant que l'année prece-
dente vn des nostres en auoit
tué vn , estant à la guerre des
Entouhonorons ,   & qu'ils en

eſtoient faſchez, nous repreſentant qu'ils ſont fort ſubjeꞔts à la
vengeance, ne regardant point
à ceux qui ont fait le coup, mais
le premier qu'ils rencontrent de
la nation, ou bien leurs amis, ils
leur font porter la peine, quand
ils peuuent en attrapper, ſi
auparauant on n'auoit fait
accord auec eux, & leur a-
uoir donné quelques dons &
preſens aux parens du deffunꞔt,
qui m'empeſcha pour lors d'y
aller, encores qu'aucuns d'icelle
nation nous aſſeurerent qu'ils
ne nous feroiét aucnn mal pour
cela. Ce qui nous donna ſujeꞔt
& occaſionna de retourner par
le meſme chemin que nous e-
ſtions venus, & continuát mon

voyage, ie fus trouuer la nation
des Piſierinij, qui auoient promis de me mener plus outre en
la continuation de mes deſſeins
& deſcouuertures : mais ie fus
diuerty pour les nonuelles qui
ſuruindrent de noſtre grand village, & des Algõmequins, d'où
eſtoit le Cappitaine Yroquet, à
ſçauoir que ceux de la nation
des Atignouaatirans auroient
mis & depoſé entre ſes mains
vn priſonnier de nation enne-
mie, eſperant que ledit Cappitaine Yroquet deubſt exercer
ſur ce priſonnier la vengeance
ordinaire entr'eux. Mais au lieu
de ce, l'auroit non ſeulement
mis en liberté, mais l'ayant trouué habille , & excellant chaſ-

feur , & tenu comme fon fils,
les Atignouaatitans feroient
entrez en ialoufie , & defi-
gné de s'en venger , & de faict
auroient difpofé vn homme
pour entreprendre d'aller tuër
ce prifonnier, ainfi allié qu'il e-
ftoit. Comme il fut executé en
la prefence des principaux de la
nation Algommequine, qui in-
dignez d'vn tel acte, & meus de
cholere tuërent fur le champ ce
temeraire entrepreneur meur-
trier, duquel meurtre les Atigno
uaatitás fe trouuás offenfez, &
comme iniuriez en cét action,
voyant vn de leurs compagnós
morts prindrent les armes,& fe
tranfporterent aux tentes des
Algommequins qui viennent

hiuerner proches de leurdict
Village, lesquels offençerét fort
& ou ledit Cappitaine Yroquet
fut blessé de deux coups de flé-
che, & vne autre fois pillerent
quelques cabannes desdits Al-
gómequins, sans qu'ils se peus-
sent mettre en deffence:car aufsi le party n'eust pas esté égal,&
neantmoins cela lesdits Algommequins ne furent pas quit-
tes , car il leur fallut accorder,
& contraints pour auoir la
paix, de donner ausdits Atignouaatitans cinquante colliers de pourceline , auec cent
becasses d'icelle : ce qu'ils
estiment de grand valeur
parmy eux, & outre ce nombre
de chaudieres & haches , auec

deux femmes priſonnieres en la place du mort: bref ils furent en grande diſſention, c'eſtoit auſdits Algommequins de ſouffrir patiemment ceſte grande furie, & penſerent eſtre tous tuez, n'eſtans pas bien en ſeureté, nonoſtant leurs preſens, iuſques a ce qu'ils ſe veirent en vn autre eſtat. Ces nouuelles m'affligerent fort, me repreſentant l'inconuenient qui en pourroit arriuer, tant pour eux que pour nous, qui eſtions en leur pays.

Ce faiᴄt, ie rencontray deux ou trois Sauuages de noſtre grand Village, qui me ſoliciterent fort d'y aller, pour les mettre d'accord, me diſant que

si ie ny allois, aucun d'eux ne re-
uiendroient plus vers les François, ayant guerre auec lesdicts
Algommequins, nous tenans
pour leurs amis. Ce que voyant
ie m'acheminay au pluftoft, &
en paffant ie vifitay lesPifirinins
pour fçauoir quand ils feroient
prefts pour le voyage du Nort:
que ie trouuay rõpu pour le fu-
jet de ces querelles & batteries,
ainfi que noftre truchemét me
fift entendre, & que ledict Cappitaine Iroquet eftoit venu à
toutes ces nations pour me trou
uer, & m'attendre. Il les pria de
fe trouuer à l'habitation des
François, en mefme temps que
luy, pour voir l'accord qui fe
feroit entr'eux, & les Atignouaatitans,

uaentéps, & qu'ils remiſſent ledit voyage du Nort à vne autre
fois : & pour cét effeĉt lediĉt
Yroquet auoit donné de la
pourceline pour rompre lediĉt
voyage , & à nous ils promirent de ſe trouuer à noſtre-dite
habitation , au meſme temps
qu'eux. Qui fut bien affligé ce
fut moy , m'attendant bien de
voir en ceſte année, ce qu'en
pluſieurs autres precedentes i'a-
uois recherché auec beaucoup
de ſoing , & de labeur , par tant
de fatigues,& de hazards de ma
vie : Et voyans ny pouuoir remedier , & que le tout déppen-
doit de la volonté de Dieu , ie
me conſolay en moy-meſme,
me reſoluant de le voir en bref,

I

en ayãt de ſicertaines nouuelles
qu'õ n'ẽ peut douter de ces peuples qui võt negotier auec d'autres qui ſe tiennẽt en ces parties
Septentrionnalles, eſtans vne
bonne partie de ces nations en
lieu fort abondant en chaſſes, &
où il y à quantité de grands animaux, dont i'ay veu pluſieurs
peaux, & eux m'ayant figuré la
forme d'iceux, i'ay iugé eſtre
des buffles : auſſi que la peſche
du poiſſon y eſt fort abondante,ils ſont quarante iours à faire
ce voyage, tant à aller que retourner.

Ie m'acheminay vers no-
ſtredict Village le quinzieſ-
me iour de Feburier, me-
nant auec moy ſix de nos

gens , & estans arriuez audict
lieu , les habitans furent fort
aises, comme aussi les Algommequins que i'enuoyay visiter
par nostre truchement , pour
sçauoir comme le tout s'estoit
passé, tant d'vne part que d'autre , ny ayant voulu aller pour
ne leur donner ny aux vns ny
aux autres aucun soupçó. Deux
iours se passerent pour entendre des vns & des autres comme le tout s'estoit passé : ce
faict, les principaux & anciens du lieu s'en vindrent
auec nous , & tous ensemble
allasmes vers les Algommequins , où estant en l'vne de
leurs cabannes, ou plusieurs
& des plus principaux se

I ij

trouuerent , lesquels tous ensemble apres quelques discours demeurent d'accord de venir, & auoir agreable tout ce qu'on diroit, comme arbitre sur ce suject, & ce que ie leur proposerois , ils le mettroient en execution. Alors ie recueilly les voix d'vn chacun , colligeant & recerchant la volonté & inclination de l'vne & de l'autre partie: iugeant neantmoins qu'ils ne demandoient que la paix. Ie leur representy que le meilleur estoit de pacifier le tout, & demeurer amis, pour estans vnis & liez ensemble, resister plus facillement à leurs ennemis , & partant ie les priay qu'ils ne m'appellassent point pour ce

faire, s'ils n'auoient intention
de fuiure de poinct en poinct
l'aduis que ie leur donnerois
fur ce different, puis qu'ils m'a-
uoient faict ce bien d'en dire mon oppinion. Surquoy
ils me dirent derechef qu'ils n'a-
uoient defiré mon retour à autre fin, & moy d'autre-part iugeant bien que fi ie ne les met-
tois d'accord, & en paix , ils
fortiroient mal contens les vns
des autres, chacun d'eux pen-
fans auoir le meilleur droict ,
auffi qu'ils ne fuffent al-
lez à leurs cabannes , fi
ie n'euffe efté auec eux , ny
mefme vers les François , fi
ie ne m'embarquois , & prenois comme la charge & con-

duitte de leurs affaires. A cela ie leur dis, que pour mon
regard ie n'auois autre intention que de m'en aller auec
mon hoste, qui m'auoit touf-
jours bien traicté, & mal-ay-
fément en pourrois-je trouuer
vn fi bon, car c'eftoit en luy
que les Algommequins met-
toient la faute, difant qu'il ny
auoit que luy de Cappitaine
qui fift prendre les armes.Plu-
fieurs difcours fe pafferent,tant
d'vne part que d'autre, & la
fin fut, que ie leur dirois ce
qu'il m'en fembleroit, &
mon aduis, & voyans à leurs
difcours qu'ils remettoient le
tout à ma volonté, comme à
leur pere, me promettant en

ce faisant qu'à l'aduenir ie pourrois disposer d'eux ainsi quebon
me sembleroit, me remettant le
tout à ma discretion , pour en
disposer: alors ie leur fis responce que i'estois tres - aise de les
voir en vne si bonne volonté de
suiure mon conseil , leur protestant qu'il ne seroit que pour le
bien & vtilité des peuples.

D'autre costé i'auois esté fort
affligé d'auoir entendu d'autres
tristes nouuelles , à sçauoir de la
mort de l'vn de leurs parents, &
amis, que nous tenions comme
le nostre , & que ceste mort a-
uoit peu causer vne gran-
de desolation , dont il ne
s'en feust ensuiuy que guerres
perpetuelles entre les vns &

les autres, auec plusieurs grands
dommages & alteration de leur
amitié, & par consequent les
François priuez de leur veuë &
frequentation, & contraincts
d'aller recercher d'autres nations, & ce d'autant que nous
nous aymions comme freres,
laissant à nostre Dieu le cha-
stiment de ceux qui l'auroient
merité.

Ie commançay à leur di-
re, & faire entendre, que ces
façons de faire entre deux nations, amis, & freres, comme ils se disoient, estoit indigne entre des hommes raison-
nables, ains plustost que c'e-
stoit à faire aux bestes bruttes:
D'autre part qu'ils estoient as-

*Remon-
strance de
l'autheur
aux Sau-
uages
pour les
induire à
la paix.*

fez empefchez d'ailleurs à re-
pouffer leurs ennemis qui les
pourfuiuoient, battans le plus
fouuent, & les prennans prifonniers iufques dans leur Villages,
lefquels ennemis voyant vne
diuifion, & des guerres ciuilles
entr'eux, leur apporteront beaucoup d'aduantage, les ref-
joüyront & les poufferont à faire noüueaux & pernicieux def-
feins, fur l'efperance qu'ils auroient de veoir bien-toft leur
rüyne, du moins s'affoiblir par
eux-mefmes, qui feroit le vray
moyen, & plus facille, pour
vaincre, & fe rendre les maiftres
de leurs contrées, n'eftans point
fecourus les vns des autres, &
qu'ils ne iugeoient pas le mal

qui leur en pouuoit arriuer, que pour la mort d'vn homme ils en mettoient dix mille en danger de mourir, & le reste de demeurer en perpetuelle seruitude, bien qu'à la verité vn homme estoit de grande consequence, mais qu'il falloit regarder comme il auoit esté tué, & considerer que ce n'estoit pas de propos deliberé, ny pour commançer vne guerre ciuille parmy eux, cela estant trop éuident que le mort auoit premierement offencé en ce que de propos deliberé il auoit tué le prisonnier dans leurs cabannes, chose trop audacieusement entreprinse, encores qu'il fust ennemy. Ce qui esmeut les

Algommequins , car voyant
vn homme si temeraire de tuër
vn autre en leur cabanne , auquel ils auoient donné la liberté , & le tenoient comme vn
d'entr'eux, ils furent empor-
tez de la promptitude , & le
sang esmeu à quelques - vngs,
plus qu'aux autres, se seroient
auancez, ne se pouuant tenir ny
commander à leur cholere, ils
auroient tué cét homme dont
est question, mais pour cela ils
n'en voulloient nullement à
toute la nation, & n'auoient dessein plus auant à l'encontre de
cét audacieux , & qu'il auoit
bien merité ce qu'il auoit luy-
mesme recerché.

Et d'ailleurs qu'il falloir remarquer que l'Entouhonoron se sẽ-

tant frappé de deux coups dedans le ventre , arracha le coufteau de fa playe, que fon ennemy y auoit laiffé, & luy en donna deux coups, à ce qu'on m'a-
uoit certiffié : De façon que bon
nement on ne pouuoit fçauoir
au vray fi c'eftoient Algommequins qui vffent tué : & pour
montrer aux Attigouautan que
les Algommequins n'aymoient
pas le prifonnier : que Yroquet
ne luy portoit pas tant d'affection comme ils penfoient
bien, ils l'auoiét mangé, d'autát
qu'il auoit donné des coups de
coufteau à fon ennemy, chofe
neantmoins indigne d'homme,
mais pluftoft de beftes bruttes.

D'ailleurs que les Algõmequins
estoient fort faschez de tout ce
qui s'estoit passé, & que s'ils euf-
sent pensé que telle chose feust
arriuée, ils leur eussent donné
cét Yroquois en sacrifice : d'au-
trepart qu'ils auoient recom-
pensé icelle mort , & faute, si
ainsi il l'a falloit appeller, auec
de grands presents , & deux pri-
sonnieres , n'ayant subject à
present de se plaindre, & qu'ils
debuoient se gouuerner plus
modestement en leurs dépor-
temens enuers les Algommequins, qui sont de leurs amis, &
que puis qu'ils m'auoient promis toutes choses mises en deliberation , ie les priay les vns
& les autres d'oublier tout

ce qui s'estoit passé entr'eux,
sans iamais plus y penser, ny en
porter aucune haine & mauuaise volonté les vns enuers les autres , & demeurer bons a-
mis comme auparauant, & ce
faisant qu'ils nous obligeroient
à les aymer, & les assister comme i'auois faict par le passé, &
neantmoins, où ils ne seroient
contans de mon aduis, ie les
priay de se trouuer le plus grand
nombre d'entr'eux qu'ils pourroient à nostre habitation , où
deuant tous les Cappitaines des
vaisseaux on confirmeroit d'a-
uantage ceste amitié, & aduise-
roit-on de donner ordre pour
les garentir de leurs ennemis, a

quoy il falloit penſer.

Alors ils commançerent à dire que i'auois bien parlé , & qu'ils tiendroient tout ce que ie leur auois dict, & tous contents en apparance s'en retournerent en leurs cabannes, ſinon les Algommequins qui deſlogerent pour faire retraicte en leur Village, mais ſelon mon oppinion ils faiſoient demonſtration de n'eſtre pas trop contens, d'autant qu'ils diſoient entr'eux que ils ne viendroient plus hyuerner en ces lieux. Ceſte mort de ces deux hommes leur ayanr par trop couſté pour mó regard ie m'en rerournay chez mon hoſte, à qui ie donnay le plus de

courage qu'il me fut poſſible,
affin de l'eſmouuoir à venir à
noſtre habitation , & d'y amener auec luy tous ceux du pays.

Durant le temps de l'hyuer
qui dura quatre mois, i'eu aſſez
de loiſir pour conſiderer leur
pays, mœurs, couſtumes, & façon de viure & la forme de leurs
aſſemblées, & autres choſes que
ie deſirerois voluntiers décrire.
Mais auparauant il eſt neceſſaire de parler de la ſituation du
pays, & contrées, tant pour ce
qui regarde les nations , que
pour les diſtances d'iceux.
Quand à l'eſtenduë , tirant de
l'Orient à l'Occident, elles contient prés de quatre cent cinquante lieuës de long, & quel-

que

que quatre-vingt ou cent lieuës
par endroicts de largeur du Midy au Septentrion, soubs la hauteur de quarante & vn degré de
latitude, iusques à quarantehuit
& quarante-neuf degrez. Ceste
terre est presque vne isle, que la
grande riuiere de Saint Laurens
entoure, passant par plusieurs
lacs de grande estenduë, sur le
riuage desquels il habite plusieurs nations, parlans diuers
langages, qui ont leurs demeures arrestées, tous amateurs du
labourage de la terre, lesquels
neantmoins ont diuerses façons de viures, & de mœurs, &
les vns meilleurs que les autres.
Au costé vers le Nort, icelle
grande riuiere tirant à l'Occidēt

K

quelque cent lieux par de là vers
les Attigouautans. Il y à de tres-
hautes montagnes , l'air y est
temperé plus qu'en aucun autre lieu desdites contrées, &
soubs la hauteur de quarante &
vn degré de latitude: toutes ces
parties & contrées sont abon-
dantes en chasses, comme de
Cerfs, Caribons, Eslans, Dains,
Buffles, Ours, Loups, Castors,
Regnards, Foüines, Martes, &
plusieurs autres especes d'animaux, que nous n'auons pas par
deça. La pesche y est adondan-
te en plusieurs sortes & especes
de poisson , tant de ceux que
nous auons, que d'autres que
nous n'auons pas aux costes de

France. Pour la chaſſe des oyſeaux, elle y eſt auſſi en quantité, & qui y viennent en leurs
temps, & faiſon : Le pays
eſt trauerſé de grand nombre
de riuieres, ruiſſeaux, & e-
ſtangs, qui ſe deſchargent les
vnes dans les autres, & en leur
fin aboutiſſent dedans lediƈt
fleuue Sainƈt Laurens, &
dans les lacs par ou il paſſe :
Le païs eſt fort plaiſant en ſon
Printemps, il eſt chargé de
grandes & hautes foreſts, &
remplies des bois de pareil-
les eſpeces que ceux que nous
auons en France, bien eſt-il
vray qu'en pluſieurs endroiƈts
il y à quantité de païsdeſerté,ou

ils sement des bleds d'Inde: aussi
que ce pays est abõdant en prairies, pallus, & marescages, qui
sert pour la nourriture desdicts
animaux.   Le pays du Nort de
ladite grande riuiere est fort as-
pre & montueux , soubs la hauteur de quarante-sept à quarante-neuf degrez de latitude, remply de rochers forts enquelques
endroicts, à ce que i'ay peu voir,
lesquels sont habitez de Sauuages qui viuent errants parmy le
pays, ne labourans, & ne faisans
aucune culture, du moins si peu
que rien ,   & sont chasseurs,
estans ores en vn lieu, & tantost
en vn autre, le pais y estant assez
froid & incommode. L'estenduë d'icelle terre du Nort soubs

la hauteur de quarante neuf degrez de latitude, de l'Orient à
l'Occident à six cents lieuës de
longitude, qui est aux lieux dõt
nous auons ample cognoissance. Il y à aussi plusieurs belles &
grandes riuieres qui viennent
de ce costé-là, & se deschargent
dedans ledit fleuue , accompagnez d'vn nombre infiny de bel
les prairies, lacs, & estangs, par
ou elles passent, dans lesquels y
à abondance de poissons, & force isles, la plufpart desertes, qui
font delectables à voir, ou en la
plufpart il y à grande quantité
de vignes , & autres fruicts
Sauuages. Quand aux par-
ties qui tirent plus a l'Occident,
nous n'en pouuons fçauoir bon-

nement le traget, d'autant que
les peuples n'en ont aucune cognoiſſance , ſinon de deux ou
trois cents lieux, ou plus, vers
l'Occident , d'ou vient ladicte
grande riuiere qui paſſe entr'autres lieux, par vn lac qui contient prés de trante iournées de
leurs canaux , à ſçauoir celuy
qu'auons nommé la Mer douce, eu eſgard à ſa grande eſtenduë, ayant prés de quatre cent
lieuës de long: auſſi que les Sauuages auec leſquels nous auons
accez, ont guerre auec autres
nations, tirant à l'Occident dudit grand lac , qui eſt la cauſe
que nous n'en pouuons auoir
plus ample cognoiſſance, ſinon
qu'ils nous ont dict pluſieurs

fois que quelques prifonniers
de cent lieuës leur ont rapporté
y auoir des peuples femblables
à nous en blancheur, & autres
chofes, ayans par eux veu de la
cheuelure de ces peuples, qui eft
fort blonde, & qu'ils eftiment
beaucoup, pource qu'ils les difent eftre comme nous. Ie ne
puis que penfer là deffus, finon
que ce fuffent gens plus ciuili-
fez qu'eux, & qu'ils difent nous
reffembler: il feroit bien befoing
d'en fçauoir la verité par la
veuë, mais il faut de l'affiftance, il ny a que le temps, & le
courage de quelques perfon-
nes de moyens, qui puiffent,
où vueillent, entreprendre
d'affifter ce deffeing, affin

qu'vn iour on puiſſe faire vne
ample & parfaite découuerture
de ces lieux, affin d'en auoir vne
cognoiſſance certaine.

Pour ce qui eſt du Midy de
ladite grande riuiere, elle eſt fort
peuplée, & beaucoup plus que
le coſté du Nort, & de diuerſes
nations ayans guerres les vns
contre les autres. Le pays y eſt
fort aggreable, beaucoup plus
que le coſté du Septentrion, &
l'air plus temperé, y ayant pluſieurs eſpeces d'arbres & fruicts
qu'il ny à pas au Nort dudit fleuue, auſſi y a-il beaucoup de choſes au Nort qui le recompenſe, qui n'eſt pas du coſté du
Midy : Pour ce qui eſt du coſté de l'Orient, ils ſont aſſez ço-

gneus, d'autant que la grand'
Mer Occeanne borne ces en-
droicts-là, à sçauoir les custes de
la Brador, terre-Neufue, Cap
Breton, la Cadie Almonchi-
guois, lieux assez communs, en
ayant traité a suffire au discours
de mes voyages precedents,
comme aussi des peuples qui y
habitent, c'est pourquoy ie n'en
feray métion en ce traicté, mon
subject n'estant que faire vn ra-
port par discours succint & ve-
ritable de ce que i'ay veu & recogneu de plus particulier.

La contrée de la nation des
Attigouautan est soubs la hauteur de 44. degrez & demy
de latitude, & deux cents trante
lieuës de longitude à l'Occident

& dix de latitude, & en ceste e-
stenduë de pays il y a dix - huiét
Villages, dont six sont clos &
fermez de pallissades de bois à
triple rang , entre-lassez les vns
dans les autres , où au dessus ils
ont des galleries, qu'ils garnissét
de pierres, & d'eau, pour ruër &
estaindre le feu que leurs ennemis pourroient appliquer côtre
leurs pallissades. Ce pays est
beau & plaisant, la pluspart deserté , ayant la forme & mesme
situation que la Bretagne, estans
presque enuironnez & circuits
de la Mer douce, & prennét ces
18. villages estre peuplés de deux
mil hómes de guerre, sans en ce
comprendre le commun, qui
peuuét faire en nombre 30000.

ames: leurs cabannes sont en façon de tonnelles, où berçeau,
couuertes d'escorces d'arbres de
la lõgueur de 25. à 30. toises, plus
ou moins, & six de large, laissãt
par le milieu vne allée de 10. à 12.
pieds de large, qui va d'vn bout
à l'autre, aux deux costez y à v-
ne maniere d'establie, de la hauteur de 4. pieds, ou ils couchent
en Esté, pour éuiter l'importuni-
té des puces dont ils ont grande
quantité, & en hyuer ils couchent en bas sur des nattes, proches du feu pour estre plus chau
dement que sur le haut de l'establie, ils font prouisiõ de bois sec,
& en emplissent leurs cabannes,
pour bruler en hiuer, & au bout
d'içelles cabannes y a vne espa-

ce, ou ils conseruent leurs bleds d'Indes , qu'ils mettent en de grandes tonnes, faites d'escorce d'arbres, au milieu de leur loge-ment: il y à des bois qui sont suspendus, ou ils mettent leurs habits, viures, & autres choses, de peur des souris qui y sont en grande quantité. En telle cabanne y aura douze feux , qui sont vingt-quatre mesnages, & ou il fume à bon escient, qui fait que plusieurs en reçoiuent de grandes incommoditez aux yeux, à quoy ils sont subjects, iusques à en perdre la veuë sur la fin de leur aage, ny ayant fenestre aucune, ny ouuerture que celle qui est au dessus de leurs cabannes, par ou la fumée sort,

qui eſt tout ce qui ſe peut dire
& ſçauoir de leurs comporte-
ments, vous ayant deſcript en-
tierement ceſte forme d'habitation de ſes peuples, comme elle
ſe peut ſçauoir, meſme de toutes les nations qui habitent en
ces contrées de pays. Ils changent quelquesfois leur Village
de dix, de vingt, ou trente
ans, & le tranſportent d'vne,
deux, ou trois lieuës du precedent lieu, s'ils ne ſont contraints
par leurs ennemis, de deſloger,
& s'eſlongner plus loing, comme ont fait les Antouhonorons
de quelque 40. à 50. lieuës.
Voila la forme de leur loge-
ments qui ſont ſeparez les vns
des autres, comme de trois à

quatre pas, pour la crainte du feu qu'ils apprehendent fort.

Leur vie est miserable au regard de la nostre, mais heureuse entr'eux qui n'en ont pas gousté de meilleure, croyant qu'il ne s'en trouue pas de plus excellente. Leur principal manger, & ordinaire viure, est le bled d'Inde, & febues du bresil qu'ils accommodent en plusieurs façons, ils en pillent en des mortiers de bois, le reduisent en farine, de laquelle ils prennent la fleur par le moyen de certains vants, faits d'escorce d'arbres, & d'icelle farine font du pain auec des febues, qu'ils font premierement boüillir, comme le bled d'Inde vn boüillon, pour estre

plus aysé à battre , mettent le
tout ensemble, quelquesfois y
mettent des bluës, ou des fram-
boises seiches, autrefois y mettent des morceaux de graisse
de Cerf, mais ce n'est pas souuent, leur estant fort rare, puis
apres ayant le tout destrampé
auec eau tiede, ils en font des
pains en forme de gallettes ou
tourteaux , qu'ils font cuire
soubs les cendres, & estant
cuittes , ils les lauent , &
en font assez souuent d'autres, ils les enueloppent de
feüilles de bled d'inde, qu'ils
attachent , & mettent , en
l'eauë boüillante , mais ce
n'est pas leur ordinaire, ains ils
en font d'vne autre sorte

qu'ils appellēt Migan, a sçauoir, ils prennent le bled d'inde pillé, sans oster la fleur, duquel ils mettent deux ou trois poignées dans vn pot de terre plein d'eau, le font boüillir, en le remüant de fois à autre, de peur qu'il ne brusle, ou qu'il ne se prenne au pot, puis mettent en ce pot vn peu de poisson frais, ou sec, selō la saison, pour donner goust audit Migan, qui est le nom qu'ils luy donnent, & en font fort souuent, encores que ce soit chose mal odorante, principallement en hyuer, pour ne le sçauoir accommoder, ou pour n'en vouloir prendre la peine: Ils en font de deux especes, & l'accommodent assez bien quand ils veulēt,

& lors

& lors qu'il y à de ce poisson ledit Migan ne sent pas mauuais,
ains seulement à la venaison. Le
tout estant cuit ils tirent le poisson, & l'escrasent bien menu, ne
regardant de si prés à oster les
arrestes, les escailles, ny les trip-
pes, comme nous faisons, mettant le tout ensemble dedans ledit pot, qui cause le plus souuent
le mauuais goust, puis estant
ainsi fait, le despartent à chacun
quelque portion : Ce Migan est
fort clair, & non de grande sub-
stance, comme on peut bien iuger : Pour le regard du boire, il
n'est point de besoing estant ledit Migan assez clair de soy mesme. Ils ont vne autre sorte de
Migan, à sçauoir, ils font greller

L

du bled nouueau, premier qu'il
soit à maturité, lequel ils conseruent, & le font cuire entier auec
du poisson, où de la chair, quand
ils en ont : vne autre façon, ils
prennent le bled d'Inde bien sec
le font greller dans les cendres,
puis le pilent , & le reduisent en
farine, comme l'autre cy-deuant, lequel ils conseruent pour
les voyages qu'ils entreprennét,
tant d'vne part que d'autre , lequel Migan faict de ceste façon
est le meilleur, à mon goust. En
la page 87. figure H. se voit
comme les femmes pilent leurs
bleds d'Inde. Et pour le faire, ils
font cuire force poisson, & viande , qu'ils découppent par morceaux , puis la mettent dans de

grandes chaudieres qu'ils em-
pliſſent d'eau , la faiſant fort
boüillir : ce faict, ils recueillent
auec vne cuillier la graiſſe de deſ
ſus , qui prouient de la chair , &
poiſſon , puis mettent d'icelle farine grullée dedans , en la
mouuant touſ-jours iuſques à
ce que ledit Migan ſoit cuit , &
rendu eſpois comme boüillie.
Ils en donnent & deſpartent à
chacun vn plat, auec vne cuille-
rée de ladite graiſſe, ce qu'ils ont
de couſtume de faire aux feſtins
& non pas ordinairement, mais
peu ſouuent: or eſt-il que ledict
bled nouueau grullé, comme eſt
cy-deſſus, eſt grandemét eſtimé
entr'eux. Ils mangent auſſi des

febues qu'ils font boüillir auec
le gros de la farine grullée, y
meſlant vn peu de graiſſe, &
poiſſon. Les Chiens ſont de re-
queſte en leurs feſtins qu'ils
ſont ſouuent les vns & les autres, principallement durant
l'hyuer qu'ils ſont à loiſir : Que
s'ils vont à la chaſſe aux Cerfs,
où au poiſſon, ils le reſeruent
pour faire ces feſtins, ne leur demeurant rien en leurs cabannes
que le Migan clair pour ordinaire, lequel reſſemble a de la bran-
née, que l'on donne à manger
aux pourceaux. Ils ont vne autre maniere de manger le bled
d'Inde, & pour l'accommoder
ils le prennent par eſpics, & le
mettent dans l'eau, ſous la bour-

be, le laiſſant deux ou trois mois
en cét eſtat, & iuſques à ce qu'ils
iugent qu'il ſoit pourry, puis ils
l'oſtent de là , & le font boüillir
auec la viande ou poiſſon, puis
le mangent, auſſi le fontils grul-
ler, & eſt meilleur en ceſte façon, que boüilly, mais ie vous
aſſeure qu'il ny a rien qui ſente
ſi mauuais, comme fait cedit
bled ſortant de l'eau tout boü-
eux: neantmoins les femmes, &
enfans, le prennent & le ſucçét,
comme on faict les cannes de
ſuccre, ny ayant autre choſequi
leur ſemble de meilleur gouſt,
ainſi qu'ils en font la demonſtration, leur ordinaire n'eſt que
de faire deux repas par iour:
Quant à nous autres , nous y a-

uons ieufné le Karefme entier,
& plus pour les esmouuoir à
quelque exemple, mais c'estoit
perdre temps : Ils engraissent
aussi des Ours, qu'ils gardent
deux ou trois ans, pour faire des
festins entr'eux : I'ay recognu
que si ces peuples auoient du bestail, ils en feroient curieux , &
le conferueroient fort bien, leur
ayãt montré la façon de le nour-
rir, chofe qui leur feroit aifée, attendu qu'ils ont de bons paftu-
rages , & en grande quantité en
leur païs, pour toute forte de bestail, foit cheuaux bœufs vaches
mouttons, porcs, & autres efpeces, à faute defquels beftiaux on
les iuge miferables comme il y à
de l'apparance: Neantmoins a-

uec toutes leurs miferes ie les e-
ſtime heureux entr'eux , d'autāt
qu'ils n'ont autre ambition que
de viure , & de fe conferuer, &
font plus aſſeurez que ceux qui
font errants par les forefts, comme beſtes bruttes: auſſi mangét-
ils force fitroüilles , qu'ils font
boüillir, & roftir, foubs les cendres. Quand à leur habit, ils font
de pluſieurs fortes, & façons, &
diuerfitez de peaux de beſtes
fauuages, tant de celles qu'ils
prennent, que d'autres qu'ils ef-
changent pour leur bled d'inde,
farines, pourcelines, & fillets à
pefcher , auec les Algommequins, Piferenis, & autres nations , qui font chaſſeurs , &
n'ont leurs demeures arreftées:

L   iiij

tous leurs habits font d'vne mé-
me façon , fans diuerfité d'inuention nouuelle: ils paffent &
accommodent affez raifonna-
blement les peaux, faifant leur
brayer d'vne peau de Cerf, mo-
yennement grande, & d'vn autre le bas de chauffes, ce qui leur
va iufques à la ceinture , eftant
fort pliffe, leurs fouliers font de
peaux de Cerfs, Ours, & Caftors, dont ils vfent en bon nom
bre : Plus, ils ont vne robbe de
mefme fourrure, en forme de
couuerte, qu'ils portent à la façon Irlandoife, ou Ægyptien-
ne, & des manches qui s'attachent auec vn cordon par le derriere : voila comme ils font ha-
billez durant l'hyuer, comme il

se voit en la page 23. figure D.
Quand ils vont par la campa-
gne, ils seignent leur robbe au-
tour du corps, mais estans à leur
Village, ils quittent leurs manches, & ne se seignent point : les
passements de Milan pour enri-
chir leurs habits sont de colle &
de la raclure desdites peaux, dõt
ils font des bandes en plusieurs
façons , ainsi qu'ils s'auisent, y
mettant par endroicts des ban-
desde peinture rouge, brun, parmy celles de colle, qui parrois-
sent touf-jours blanchastres, ny
perdant point leurs façons, quel
ques salles qu'elles puissent e-
stre.   Il y en a entre ces nations
qui font bien plus propres à passer les peaux les vns que les au-

tres, & ingenieux pour inuenter
des compartiments à mettre def
fus leurs habits : Sur tous autres
nos Montagnais, & Algommequins, ce font ceux qui y prennent plus de peine, lefquels met
tent à leurs robbes des bandes
de poil de porc-efpy, qu'ils taindent en fort belle couleur d'ef-
carlatte : ils tiennent ces bandes
bien cheres entr'eux , & les def-
ftachent pour les faire feruir à
d'autres robbes , quand ils en
veulent changer, plus pour em-
bellir la face, & auoir meilleure
grace, quand ils fe veulent bien
parer: La plufpart fe paindent le
vifage noir, & rouge, qu'ils def-
meflent auec de l'huyle, faite de
la graine d'herbe au Soleil , ou

bien auec de la graiſſe d'ours, ou
autres animaux, comme auſſi ils
ſe taindent les cheueux qu'ils
portent, les vns longs, les autres
courts, les autres d'vn coſté ſeulement : Pour les femmes, & les
filles, elles les portent touſiours
d'vne meſme façon, elles ſõt veſtuës comme les hommes, horſ-
mis qu'elles ont touſiours leurs
robbes ſaintes, qui leur viennẽt
en bas, iuſques au genoüil : c'eſt
en quoy elles different des hommes, elles ne ſont point honteu-
ſes de montrer le corps, à ſçauoir
depuis la cainture en haut, & depuis la moitié des cuiſſes en bas,
ayant touſiours le reſte couuert
& ſont chargées de quantité de pourceline, tant en

colliers, que chaiſnes, qu'elles
mettent deuant leurs robbes,
pendans à leurs ceintures, bracelets,& pendants d'oreilles, a-
yant les cheueux bien paignez,
paints, & graiſſez, & ainſi s'en
vont aux dances,ayans vn touf-
feau de leurs cheueux par derriere,qui leur ſont liez de peaux
d'anguilles,qu'ils accommodét
& font ſeruir de cordon, ou
quelquesfois ils attachent des
platines d'vn pied en carre,cou-
uertes de ladite pourceline, qui
pend par derriere,& en ceſte façon poupinement veſtuës &
habillées, elles ſe montrent volontiers aux dances,ou leurs peres,& meres les enuoyent,n'ou-
bliant rien de ce qu'ils peuuent

apporter d'inuention pour em-
bellir & parer leurs filles, & puis
asseurer auoir veu en des dances
ou i'ay esté, telle fille qui auoit
plus de douze liures de pourceline sur elles, sans les autres bagatelles, dont elles sont chargées & attourées. En ceste page
se voit comme les femmes sont
habillées, comme montre F. &
les filles allant à la dance, G.

*Filles cu-
rieuses
d'estre
parées.*

G
F
H
E

Tous ces peuples sont d'vne humeur assez iouialle, bien qu'il y en aye beaucoup de complexion triste, & saturniéne entr'eux: Ils sont bien proportionnés de leurs corps, y ayant des hommes bien formez, forts, & robustes, comme aussi des femmes, & filles, dont il s'en trouue vn bon nombre d'agreables, & belles, tant en la taille, couleur, qu'aux traicts du visage, le tout à proportion, elles n'ont point le saing rauallé que fort peu, si elles ne sont vieilles, & se trouue parmy ces nations de puissantes femmes, & de hauteur extraordinaire: car se sont elles qui ont presque

tout le foing de la maifon, & du
trauail, car elles labourent la terre, fement le bled d'Inde, font la
prouifion de bois pour l'hyuer,
tillent la chanvre, & la fillent,
dont du fillet ils font les rets à
pefcher, & prendre le poiffon,
& autres chofes neceffaires, dõt
ils ont affaire, comme auffi ils
ont le foing de faire la cueillette
de leurs bleds, les ferrer, accommoder à manger, & dreffer leur
mefnage, & de plus font tenuës
de fuiure & aller auec leurs maris, de lieu en lieu, aux champs,
ou elles feruent de mulles à
porter le bagage, auec mille autres fortes d'exercices, & ferui-
ces, que les femmes font & font
tenuës faire. Quant aux hommes,

mes, ils ne font rien qu'aller à la
chaffe du Cerf, & autres animaux, pécher du poiffon, de faire des cabannes, & aller à la
guerre.

Ces chofes faites, ils vont aux
autres nations, ou ils ont de l'accés, & cognoiffance, pour traicter & faire des efchanges de ce
qu'ils ont, auec ce qu'ils n'ont
point, & eftans de retour, ils ne
bougent des feftins, & dances,
qu'ils fe font les vns aux autres,
& à l'iffuë fe mettent à dormir,
qui eft le plus beau de leur exercice.

Ils ont vne efpece de mariage
parmy eux, qui eft tel, que quãd
vne fille eft en l'âge d'onze, douze, treize, quatorze, où quinze

M

ans, elle aura des seruiteurs, &
plusieurs, qu'elle fera, & selõ ses
bonnes graces, la rechercheront
quelque temps : cela faict, elles
seront demandées aux peres, &
meres, bien que souuent elles ne
prennent pas leur consentemét,
fors celles qui sont les plus sages
& mieux aduisées, qui se soubs-
mettent à la volonté de leur pere & mere. Cét amoureux, ou
seruiteur, presentera à la fille
quelques colliers, chaisnes, &
bracelets de pourceline: si la fille à ce seruiteur aggreable, elle
reçoit ce present, ce faict, cét
amoureux viendra coucher a-
uec elle trois ou quatre nuicts
sans luy dire mot, durant ce
temps, & là ils recueillent

le fruict de leurs affections, d'ou
il arriuera le plus souuent qu'a-
pres auoir passé huict, ou quinze iours, s'ils ne se peuuent accorder, elle quittera son seruiteur, lequel y demeurera en-
gagé pour ses colliers, & autres dons par luy faicts, n'en
retirant qu'vn maigre passe-
temps : & cela passé, frustré
de son esperance, il recerche-
ra vn autre femme, & elle vn
autre seruiteur, s'ils voyent
qu'il soit à propos, & ainsi continuent ceste façon de
faire, iusques à vne bonne
rencontre : Il s'en trouue
telle qui passe ainsi sa ieu-
nesse, qui aura eu plus de

vingt maris, lesquels vingt maris ne sont pas seuls en la joüyf-
sance de la beste , quelques ma-
riez qu'ils soient: car la nuict venuë, les ieunes femmes courent
d'vne cabanne en vne autre, cõ-
me font les ieunes hommes de
leur costé, qui en prennent par
où bon leur semble, toutesfois
sans violance aucune, remettãt
le tout à la volonté de la femme: Le Mary fera le semblable à
sa voisine , nulle ialousie ne se
trouue entr'eux pour cela, &
n'en reçoiuent aucune infamie,
ny injure, la coustume du pays
estant telle. Or le temps qu'elles
ne delaissent point leurs maris
est quand elles ont des enfans:
les Maris precedants reuiennent

vers elles, leur remonſtrer l'affection, & amitié, qu'ils leur ont
portée par le paſſé, & plus que
nul autre, & que l'enfant qu'elles auront eſt à luy, & eſt de ſon
faict: vn autre luy en dira autant,
en fin c'eſt à qui mieux, & qui le
pourra emporter, & l'auoir pour
féme : & par ainſi il eſt au choix
& option de la femme, de prendre, & d'accepter, celuy qui luy
plaira le plus, ayant en ſes recer-
ches, & amours, gaigné beaucoup de pourceline, & de plus,
ceſte élection de Mary: Elles demeurent auec luy ſans plus le
delaiſſer, où ſi elles le laiſſent, il
faut que ce ſoit auec vn grand
ſubject, autre que l'impuiſſance,
car il eſt à l'eſpreuue: neátmoins

eſtant auec ce mary elle ne laiſſe
pas de ſe donner carriere , mais
elle ſe tient, & reſide, touſiours
au meſnage , faiſant bonne mine, de façon que les enfans qu'ils
ont enſemble , ainſi nez d'vne
telle femme , ne ſe peuuent aſ-
ſeurer legitimes, auſſi ont-ils v-
ne couſtume, preuoyant ce danger, qui eſt telle , à ſçauoir, que
les enfans ne ſuccedent iamais
aux biens, & dignitez, de leurs
peres, doubtant comme i'ay dit
de leur geniteur, mais bien fontils leurs ſucceſſeurs, & heritiers,
les enfans de leurs ſœurs, & deſquels ils ſont aſſeurez d'eſtre yſ-
ſus, & ſortis: Pour la nourriture
& eſleuation de leurs enfans, ils
le mettent durant le iour ſur v-

ne petite planche de bois , & le
veſtent, & enueloppent de four-
rures , ou peaux , & le bandent
ſur ladite planchette, la dreſſent
debout, & laiſſant vne petite ouuerture par ou l'enfant faict ces
petites affaires, & ſi c'eſt vne fille, ils mettent vne feüille de blé
d'Inde entre les cuiſſes, qui preſſe contre ſa nature, & font ſortir
le bout de ladicte feüille dehors
qui eſt renuerſée , & par ce moyen l'eau de l'enfant coulle par
ceſte feüille , & ſort dehors, ſans
gaſter l'enfant de ſes eauës, ils
mettent auſſi ſoubs les enfants
du duuet de certains roſeaux,
que nous appellons pied de liè-
vre, ſurquoy ils ſõt couchés fort

M iiij

mollement, & le nettoyent du mefme duuet, & pour parer l'enfant, ils garniffent ladite planchette de patinoftres, & en mettent à fon col, quelque petit qu'il foit : & la nuict, ils le couchent tout nud, entre le pere, & la mere, confiderant en cela vne grande merueille de Dieu, qui les conferue de telle façon, qu'il n'en arriue pas beaucoup d'inconuenient, comme il feroit à croire par quelque eftouffemés, eftant le pere, & la mere, en vn profond fommeil, ce qui n'arriue pas que bien rarement. Les enfans font fort libertins entre ces nations : les peres, & meres, les flattent trop, & ne les chaftient point du tout, auffi fontils

ſi meſchants , & de ſi peruerſe
nature, que le plus ſouuent ils
battent leurs meres, & autres
des plus faſcheux, battent leur
pere,en ayant acquis la force, &
le pouuoir : à ſçauoir, ſi le pere,
ou la mere, leur font choſe qui
ne leur agrée pas, qui eſt vne eſ-
pece de malediction que Dieu
leur enuoye.

Pour ce qui eſt de leurs loix,
ie n'ay point veu qu'ils en ayent,
ny choſe qui en approche,com-
me de faict ils n'en ont point,
d'autant qu'il ny a en eux aucune correction,chaſtiment,ny de
reprehenſion à l'encontre des
malfaicteurs,ſinon par vne vangeance , randant le mal pour le
mal, non par forme de reigle,

mais par vne passionqui leur en-
gendre les guerres & differents,
qu'ils ont entr'eux le plus souuent.

Au reste , ils ne recognoissent
aucune Diuinité, ils n'adorent
& ne croyent en aucun Dieu,
ny chose quelconque: ils viuent
comme bestes bruttes , ils ont
bien quelque respect au Diable,
ou d'vn nom semblable , ce qui
est doubteux , parce que soubs
ce mot qu'ils prononçent , sont
entendus diuerses significations
& comprend en soy plusieurs
choses : de façon que mal-aisément peut-on sçauoir, & discer-
ner s'ils entendent le Diable, ou
vne autre chose, mais ce qui fait
plustost croire estre le Diable,

qu'ils entendét, est que lors qu'-
ils voyent vn hôme faisantquel-
que chose extraordinaire, ou est
plus habille que le commun, ou
bien est vaillant guerrier, ou
d'ailleurs en furie, comme hors
de la raison, & de soy-mesme, ils
l'appellét Oqui, comme si nous
disions vn grand esprit sçauant,
ou vn grand Diable : Quoy que
ce soit, ils ont de certaines personnes, qui font les Oqui, ou
Manitons, ainsi appellez par les
Algommequins de Monta-
gnais, & ceste sorte de gens
font les Medecins pour guarir les mallades, & pen-
ser les blessez : predire les
choses futures, au reste
toutes abusions & illusions

du Diable, pour les tromper, &
deçeuoir. Ces Oquis, ou deuins,
leur perſuadent, & a leurs pa-
tients, & mallades, de faire, ou
faire faire des feſtins, & quelques ceremonies, pour eſtre pluſtoſt guaris, & leur intention eſt
affin d'y participer, & en tirer la
meilleure part, & ſoubs eſperance d'vne plus prompte guariſon
leur faire faire pluſieurs autres
ceremonies, que ie diray cy-apres en ſon lieu Ce ſont ceux-là
en qui ils croyent le plus, mais
d'eſtre poſſedez du Diable, &
tourmentez comme d'autres
Sauuages plus eſlógnez qu'eux,
c'eſt ce qui ſe voit fort raremét,
qui donne plus d'occaſion , &
ſubject de croire leur reduction

en la cognoissance de Dieu plus
facille, si leur pays estoit habitué
de personnes qui prissent la peine, & le soing, de leur enseigner,
& ce n'est pas assez d'y enuoyer
des Religieux, s'il ny à des gens
pour les maintenir, & assister:
car encores que ces peuples a-
yent le desir aujourd'huy de cognoistre que c'est que de Dieu,
le lendemain ceste volontè leur
changera, quand il conuiendra
oster, & suprimer, leurs salles
coustumes, la dissolutiõ de leurs
mœurs, & leurs libertez inciuil-
les: De façon qu'il faut des peuples, & des familles, pour les tenir en debuoir, & auec douceur
les contraindre à faire mieux, &
par bons exemples les esmou-

uoir à correction de vie. Ces Peres Ioſeph, & moy, les auons
maintesfois entretenu ſur ce qui
eſtoit de noſtre creance, loix, &
couſtumes: ils eſcoutoient auec
attention en leurs conſeils, nous
diſans quelquefois, tu dis choſes
qui paſſe noſtre eſprit, & que ne
pouuons comprandre par diſcours, comme choſe qui ſurpaſ-
ſe noſtre entendement: Mais ſi
tu veus bien faire eſt d'habiter ce
pays, & amener femmes, & enfans, leſquels venant en ſes regions, nous verrons comme tu
ſers ce Dieu que tu adore, & de
la façon que tu vis auec tes femmes, & enfans, de la maniere que
tu cultiue les terres, & en ſe mãt,
& comme tu obeys a tes loix, &

de la façon que l'on nourrit les
animaux, & comme tu fabrique
tout ce que nous voyons sortir
de tes inuentions : Ce que voyant, nous apprendrons plus en
vn an, qu'en vingt à oüyr dif-
courir, & fi nous ne pouuons
comprandre, tu prendras nos
enfans, qui feront comme les
tiens : & ainfi iugeant noftre vie
miferable, au pris de la tienne,
il eft aifé à croire que nous la
préderont, pour laiffer la noftre:
leurs difcours me fembloit d'vn
bon fens naturel, qui montre le
defir qu'ils ont de cognoiftre
Dieu. C'eft vn grand dommage
de laiffer perdre tant d'hommes
& les voir perir à nos portes, sás
leur donner fecours, qui ne peut

estre sans l'assistance des Roys,
Princes, & Ecclesiastiques, qui
seuls ont le pouuoir de ce faire:
Car aussi en doibuent-ils seuls
emporter l'honneur d'vn si grãd
œuure, à sçauoir, de planter la
foy Chrestienne en vn pays in-
cognu, & barbare, aux autres
nations, estant bien informé de
ces peuples, comme nous som-
mes, qu'ils ne respirent, & ne de
sirent autre chose que d'estre
plainement instruits de ce qu'il
leur faut suiure & éuiter, c'est
donc à ceux qui ont le pouuoir
d'y trauailler, & y contribuér de
leur abondance, car vn iour ils
respondront deuant Dieu de la
perte de tant d'ames qu'ils laiss-
sent perir par leur negligence &
auarice,

auarice, car ils ne sont pas peu,
mais en tres-grand nombre : or
ce sera quand il plaira à Dieu de
leur en faire la grace, pour moy
i'en desire plustost l'effect aujourd'huy que demain, pour le
zelle que i'ay a l'aduancement
de la gloire de Dieu, à l'honneur
de mon Roy, au bien, & reputation de ma patrie.

  Pour ce qui est des mallades, celuy, ou celle, qui sera
frappé, ou attaint de quelques
malladie, mandera querir l'O-
qui, lequel venu qu'il sera,
visitera le mallade, & appren-
dra, & s'instruira de son mal,
& de sa douleur : cela fait
ledit Oqui enuoyera querir
vn grand nombre d'hommes,

femmes, & filles, auec trois où
quatre vieilles femmes, ainſi
qu'il ſera ordonné par ledict O-
qui, & entrant en leurs cabannes en dançant, auec chacune
vne peau d'ours ſur la teſte, où
d'autres beſtes, maiscelles d'ours
eſt la plus ordinaire, n'en ayant
point de plus monſtrueuſe, & y
aura deux où trois autresvieilles
qui ſeront proches de la mallade, ou patiente, qui eſt le plus
ſouuent mallade par hypocriſie
au fauſſe imagination : mais de
ceſte malladie elles ſont bien-
toſt guaries, & leſquelles le plus
ſouuent font les feſtins aux deſ-
pens de leurs amis, ou parens,
qui leur donnent dequoy mettre en leur chaudiere, outre cel-

les qu'ils reçoiuent des presents
des danceurs, & dáceuses, comme de la pourceline, & autres
bagatelles , ce qui faict qu'elles
sont bien-tost guaries: car comme ils voyent ne plus rien espe-
rer, ils se leuent, auec ce qu'elles
ont peu amasser, car d'autres
bien mallades mal-aisément se
guarissent - elles de tels jeux, &
dances, & façons de faire. Et
pour retourner à mon propos,
les vieilles qui sont proches de
la mallade reçoiuent les presens , chantans chacune à son
tour , & puis ils cessent de chanter , & alors que tous les presens
sont faicts, ils commançent à lo-
uer leurs voix d'vn mesme accord, chantans toutes ensem-

bles, & frappant à la mesure a-
uec des bastons sur des escorces
d'arbres seiches, alors toutes les
femmes, & filles, commançent
à se mettre au bout de la cabanne, comme s'ils vouloient faire
l'entrée d'vn ballet, ou d'vne
mascarade: les vieilles marchans
deuant auec leurs peaux d'ours
sur leurs testes, & toutes les autres les suiuent l'vne apres l'autre. Ils n'ont que de deux sortes
de dances qui ont quelque mesure, l'vne de quatre pas, &
l'autre de douze, com-
me si on dançoit le Trioly de
Bretagne. Ils ont assez bonne
grace en dançant, il se met souuent auec elles de ieunes hommes, & apres auoir dançé vne

heure, ou deux, les vieilles pren-
dront la mallade pour dançer,
qui fera mine de fe leuer trifte-
ment, puis fe mettra en dance,
ou eftant, apres quelque efpace
de temps elle dancera, & s'ef-
joüyra auffi bien que les autres:
Ie vous laiffe à penfer comme
elle fe doibt porter en fa malladie.   Cy-deffoubs eft la forme
de leurs dances.

Le Medecin y acquiert de
l'honneur, & de la reputation,
de voir si tost sa patiente guarie,
& debout : ce qui ne se faict pas
à celles qui sont mallades à l'ex-
tremité, & accablez de lan-
gueur, ains plustost ceste espece
de medecine leur donne la mort
plustost que la guarison : car ie
vous assure qu'ils font quelques
fois vn tel bruict, & tintamarre,
depuis le matin iusques à deux
heures de nuict, qu'il est impos-
sible au patient de le supporter,
sinon auec beaucoup de peine.
Quelquesfois il prendra bien
enuie au patient de faire dancer
les femmes, & filles, toutes ensemble, mais ce sera par l'ordone
nance du l'Oqui, & ce n'est pas

N iiij

encores le tout, car luy & le Ma-
nitou, accompagnez de quelques autres, feront des singe-
ries, & des conjurations, & se
tourneront tant, qu'ils demeu-
reront le plus souuent comme
hors d'eux-mesme, comme fols
& insensez, jettant le feu par la
cabanne d'vn costé & d'autre,
mangeant des charbons ardans,
les tenant en leurs mains vn
espace de temps, jettent aussi
des cendres toutes rouges sur
les yeux des autres spectateurs,
& les voyans en cét estat, on diroit que le Diable Oqui, ou Ma-
nitou, si ainsi les faut appeller,
les possedent, & les font tour-
menter de la sorte. Et ce bruit,
& tintamarre, ainsi faict, ils se

retirent chacun chez foy , &
ceux qui ont bien de la peine
durant ce temps , ce font les
femmes des poffedez , & tous
ceux de leurs cabannes , pour
la crainte qu'ils ont que ces en-
ragez ne bruflent tout ce qui
eft dedans leurs maifons , ce
qui les induit à ofter tout ce qui
eft en voye , car lors qu'il arriue,
il vient tout furieux, les yeux e-
ftincellans,& effroyables, quelquesfois debout , & quelquesfois affis , ainfi que la fantafie les
prend : auffi-toft vne quinte le
prendra , empoignant tout ce
qu'il trouuera , & rencontrera,
en fon chemin , le jette d'vn cofté, & d'autre , & puis fe cou-
che où il s'édort quelque efpace

de temps, & ſe réueillant en ſur-
ſault, prend du feu, & des pierres, qu'il jette de toutes parts, ſãs
aucun eſgard, ceſte furie ſe paſſe
par le ſommeil qui luy reprend,
& lors il fait ſurie, ou il appelle
pluſieurs de ſes amis, pour ſuër
auec luy, qui eſt le remede qu'ils
ont le plus propre pour ſe continuër en leur ſanté, & cependant
qu'ils ſuënt, la chaudiere trotte
pour accommoder leur man-
ger, apres auoir eſté quelquefois
deux ou trois heures enfermez
auec de grandes eſcorces d'arbres, couuerts de leurs robbes,
ayans au milieu d'eux grande
quantité de cailloux, qu'ils auront fait rougir dans le feu, &
touſiours chantent, durãt qu'ils

font en furie, & quelquesfois ils
reprennent leur vent : on leur
donne force pottées d'eau pour
boire, d'autant qu'ils font fort
alterez, & tout cela faict, le de-
moniacle fol, ou endiablé, de-
uient fage: Cependant il arriuera que trois, ou quatre, de ces
mallades s'en trouueront bien,
& pluftoft par heureufe rencontre, & d'aduanture, que par fcié-
ce, ce qui leur confirme leur fau-
ce creance, pour eftre perfuadez
qu'ils font guaris par le móyen
de ces ceremonies, fans confide-
rer que pour deux qu'ils en gue-
riffent, il en meurt dix autres par
leur bruict & grand tintamarre,
& foufflements qu'ils font, qui
eft plus capable de tuër, que de

guarir vn mallade:mais quoy ils
esperent recouurir leur santépar
ce bruict , & nous au contraire
par le silence & repos,cest comme le diable fait tout au rebours
de bien. Il y à aussi des femmes
qui entrent en ces furies,mais ils
ne font tant de mal , ils marchét
à quatre pattes , comme bestes:
ce que voyant, ce Magicien appelle l'Oqui,commance àchan-
ter , puis auec quelques mines la
soufflera, luy ordonnant à boire
de certaines eauës, & qu'aussi-
tost elle face vn festin, soit de
poisson , ou de chair , qu'il faut
trouuer, encores qu'il soit rare
pour lors , neantmoins est aussi-
tost fait.La crierie faite,& le bá-
quet finy,ils s'en retournét cha-

cun en sa cabanne, iusques à vne
autre fois qu'il la reuiendra visiter, la soufflant & chantant auec
plusieurs autres , appellez pour
cét effect, tenans en la main vne
tortuë seiche , remplie de petits
cailloux qu'ils font seruir aux o-
reilles de la mallade, luy ordonnant qu'elle doit faire 3. ou 4. festins tout de suitte, vne partie de
chanterie, & dancerie, ou toutes
les filles se trouuent parées , &
paintes , comme i'ay representé
en la pa. 87. figure G. Ledit Oqui.
ordonnera qu'il se face des mas-
carades, & soient desguisez, cõ-
me ceux qui courent le Mardy
gras par les ruës, en France: ainsi ils vont chanter prés du lict de
la mallade & se promenent tout

le long du Village cependant
que le festin se prepare pour receuoir les masques qui reuiennent bien las, ayans pris assez
d'exercice pour vuider leMigan
de la chaudiere.

Leurs coustumes sont, que
chacun mesnage vit de ce qu'il
peut pescher & semer,ayanr autant de terre comme il leur est
necessaire : ils la desertent auec
grand' peine, pour n'auoir des
instruments propres pour ce faire : vne partie d'eux esmondera
les arbres de toutes ses brāches
qu'ils font brusler au pied dudit
arbre, pour le faire mourir. Ils
nettoyent bien la terre entre les
arbres, & puis sement leur bled
de pas en pas, ou ils mettent en

chacun endroict quelques dix grains, ainsi continuant iusques à ce qu'ils en ayent assez pour trois ou quatre ans de prouision, craignant qu'il ne leur succede quelque mauuaise année. Ces femmes ont le soing de semer, & cueillir, comme i'ay dict cy-deuant, & de faire la prouision de bois pour l'hyuer, toutes les femmes s'aydent à faire leur prouision de bois, qui font dés le mois de Mars, & Auril, & est auec cét ordre en deux iours. Chaque mesnage est fourny de ce qui luy est necessaire, & si il se marie vne fille, chacune femme, & fille, est tenuë de porter à la nouuelle mariée vn fardeau de bois pour sa prouision, d'au-

tant qu'elle ne le pourroit faire
seulle, & hors de saison qu'il faut
vacquer à autre chose. Le gou-
uernement qui est entr'eux est
tel, que les anciés & principaux
s'assemblent en vn conseil, où
ils decident, & proposent, tout
ce qui est de besoing, pour les
affaires du Village: ce qui se fait
par la pluralité des voix, ou du
conseil de quelques-vns d'entr'-
eux, qu'ils estiment estre de bon
iugement, & meilleur que le có-
mun: Il est prié de la compagnie
de donner son aduis sur les pro-
positions faites, lequel aduis est
exactemét suiuy: Ils n'ont point
de Chefs particuliers qui commandent absolumét, mais bien
portent-ils de l'honneur aux
plus

plus anciens & vaillants qu'ils
nommera Cappitaines par honneur, & vn respect, & desquels
il se trouue plusieurs en vn Village : bien est-il vray qu'ils portent à quelqu'vn plus de respect
qu'aux autres, mais pour cela il
ne faut qu'il s'ē preualle, ny qu'il
se doibue estimer plus que ses
compagnons, si ce n'est par va-
nité. Quant pour les chasti-
ments, ils n'en vsent point, ny
aussi de commandement abso-
lu, ains ils font le tout par prieres des anciens, & à force de ha-
rangues, & remonstrances, ils
font quelque chose, & non
autrement, ils parlent tous en
general, & là ou il se trouue quelqu'vn de l'assemblée

O

qui s'offre de faire quelque chose pour le bien du Village, ou aller en quelque partpourle seruice du cōmun, onferavenir celuy
là qui s'est ainsi offert, & si on le
iuge capable d'executer ce desseing proposé, on luy remonstre
par belles, & bonnes parolles,
son debuoir : on luy persuade
qu'il est homme hardy, propres
aux entreprises, qu'il aquerra de
l'honneur à l'execution d'icelles : bref les flattent par blandis-
sements, affin de luy continuër,
voire augmenter ceste bonne
volonté qu'il a au bien de ses
Concitoyens: or s'il luy plaist,il
accepte la charge,ou s'en excu-
sera,mais peu y manquent,d'autant que de là ils sont tenus en

bonne reputation : Quant aux
guerres qu'ils entreprennent, ou
aller au pays des ennemis, ce seront deux, ou trois, des anciens,
ou vaillans Cappitaines, qui en-
treprendront ceste conduitte
pour ceste fois, & vont aux Villages circonuoisins faire entendre leur volonté, en donnant
des presents à ceux desdits Villages, pour les obliger d'aller, &
les accompagner à leursdictes
guerres, & par ainsi font comme generaux d'armées: ils desi-
gnent le lieu ou ils veullent aller
& disposent des prisonniers qui
sot pris, & autres choses de plus
grande consequence, dont ils
ont l'honneur s'ils font bien, s'ils
font mal le des-honneur, à sça-

O ij

noir de la guerre leur en demeure, n'ayant veu, ny recognu,
autres que ces Cappitaines pour
chefs de ces nations. Plus ils
font des assemblées generalles,
sçauoir des regions loingtaines,
d'ou il vient chacun an vn Am-
bassadeur de chaque Prouince,
& se trouuent en vne ville qu'ils
nomment, qui est le randés-
vous de toute l'assamblée, ou il
se faict de grands festins, & dances, durant trois sepmaines, ou
vn mois, selon qu'ils aduisent entr'eux, & là contractent amitié
de nouueau, decidant & ordonnant ce qu'ils aduisent, pour la
conseruation de leur pays, contre leurs ennemis, & là se donnent aussi de grands presents les

vns aux autres, & apres auoir
fait ils se retirent chacun en son
quartier.

Pour ce qui est de l'enterre-
ment des deffuncts, ils prennent
le corps du decedé, l'enueloppé
de fourreures, le couurent d'escorces d'arbres fort propre-
ment, puis ils l'esleuent sur quatre pilliers, sur lesquels ils font
vne cabanne, couuerte d'escorces d'arbres, de la longueur du
corps : autres qu'ils mettent en
terre, ou de tous costez la sou-
stiennent, de peur qu'elle ne
tombe sur le corps & la couurét
d'escorces d'arbres, mettans de
la terre par dessus, & aussi sur
icelle fosse font vne petite cabanne. Or il faut entendre

que ces corps ne sõt en ces lieux
ainsi inhumez que pour vn téps,
comme de huiĉt ou dix ans, ainsi que ceux du Village aduise-
ront le lieu ou se doibuent faire leurs ceremonies , ou pour
mieux dire, ils tiennent vn conseil general, ou tousceux du pais
assistent pour dessigner le lieu
ou se doibt faire la feste. Ce fait,
chacun s'en retourne à son Village , & prennent tous les osse-
ments des deffunĉts, qu'ils nettoyent, & rendent fort nets, &
les gardent soigneusement, encores qu'ils sentent comme des
corps fraischement enterrez: ce
fait, tous les parents, & amis des
deffunĉts, prennent lesdiĉts o s
auec leurs colliers, fourreures,

haches, chaudieres, & autres
choſes qu'ils eſtiment devaleur,
auec quantité de viures qu'ils
portent au lieu deſtiné, & eſtans
tous aſſemblez , ils mettent les
viures en vn lieu, où ceux de ce
village en ordonnent, faiſant
des feſtins, & dances continuel-
les l'eſpace de dix iours que dure la feſte , & pendant icelle les
autres nations de toutes parts y
abordent, pour voir ceſte feſte,
& les ceremonies qui s'y font,
& qui ſont de grands frais entr'-
eux. Or par le moyen de ces ceremonies, comme dances, feſtins, & aſſemblées ainſi faictes,
ils contractent vne nouuelle a-
mitié entr'eux , diſans que les os
de leurs parents, & amis, ſont

O iiij

pour estre mis tous ensemble,
posant vne figure, que tout ainsi que leurs os sont assemblez, &
vnis, en vn mesme lieu ainsi, aussi que durant leur vie ils doiuent
estre vnis en vne amitié, & con-
corde, comme parents, & amis,
sans s'en pouuoir separer.   Ces
os des vns & des autres parents
& amis, estans ainsi meslez ensemble, font plusieurs discours
sur ce subject, puis apres quelques mines, ou façons de faire,
ils font vne grande fosse de dix
thoises en quarré, dans laquelle
ils mettent cesdits os auec les
colliers, chaisnes de pourceline, haches, chaudiéres, la-
mes d'espées, cousteaux, &
autres bagatelles, lesquel-

les neantmoins ne font pas de petite valleur parmy eux , & couurent le tout de terre , y mettant plufieurs groffes pieces de bois , auec quantité de pilliers qu'ils mettent à l'entour , faifant vne couuerture fur iceux. Voila la façon dont ils vfent, pour les morts, c'eft la plus grande ceremonie qu'ils ayent entr'-eux : Aucuns d'eux croyent l'immortalité des ames, autre partie en doubtent, & neantmoins ils ne s'en efloignent pas trop loing , difans qu'apres leur deceds ils vont en vn lieu ou ils chantent comme les corbeaux,

mais ce chant est bien different de celuy des Anges. En
la page suiuante est representé leurs tombeaux, & de la
façon qu'ils les enterrent.

Reſte de ſçauoir comme ils
paſſent le temps en hyuer, à ſçauoir depuis le mois de Decem-
bre, iuſques à la fin de Mars, qui
eſt le commancement de noſtre
Printemps, & que les neges ſont
fonduës , tout ce qu'ils pourroient faire durant l'Automne,
comme i'ay dict cy-deſſus, ils le
reſeruent à faire durant l'hyuer,
à ſçauoir leurs feſtins & dances

ordinaires en la façon qu'ils les
font, pour, & en faueur des ma-
lades , comme i'ay repreſenté
cy-deſſus, & ce, conuient les habitans d'vn village à l'autre , &
appelle-on ces feſtins de chan-
teries, & dances, *Tabagis*, ou ſe
trouueront quelquesfois cinq
cents perſonnes, tant hommes

que femmes, & filles, lesquelles y vont bien attifées, & parées, de ce qu'elles ont de beau
& plus precieux, & à certains
iours ils font des mafcarades,
& vont par les cabannes les vns
des autres, demandans les chofes qu'ils auront en affection, &
s'il fe rencontre qu'ils l'ayent,
à fçauoir la chofe demandée,
ils la leur donnent librement,
& ainfi demanderont plu-
fieurs chofes, iufques à l'infiny, de façon que tel de
ces demandeurs auront des
robbes de Caftors, d'Ours,
de Cerfs, de Loups cer-
uiers, & autres fourreures,
Poiffon, bled d'Inde, Pe-
thun, ou bien des chauderons,

chaudieres, pots, haches, serpes,
cousteaux & autres choses semblables, allans aux maisons, &
cabannes du Village chantants
(ces mots) vn tel m'a donné ce-
cy, vn autre m'a donné cela, &
telles semblables parolles par
forme de loüange: & s'ils voyét
qu'on ne leur donne rien, ils se
faschent, & prendra tel humeur
à l'vn d'eux, qu'il sortira hors la
porte, & prendra vne pierre, &
la mettera auprés de celuy, ou
celle, qui ne luy aura rien donné, & sans dire mot s'en retour-
nera chantant, qui est vne mar-
que d'iniure, reproche, & mauuaise volonté. Les femmes y
vont aussi bien que les hommes
& ceste façon de faire se faict la

nuict, & dure ceste mascarade
sept où huict iours. Il se trouue
aucuns de leurs villages qui tié-
nent & reçoiuent les momons,
ou fallots, comme nous faisons
le soir du Mardy gras, & deffiér
les autres villages à venir lesvoir
& gaigner leurs vstancilles, s'ils
peuuent, & cependant les festins ne manquent point, voila
comme ils passent le temps en
hyuer : aussi que les femmes fi-
lent, & pilent des farines pour
voyager en esté pour leurs maris qui vont en traffic a d'autres
nations, comme ils ont deliberé
ausdits conseils, sçauoir la quantité des hommes qui doibuent
partir de chaque village pour ne
les laisser desgarny d'hommes

de guerres, pour se conseruer, &
nul ne sort du païs sans le commun consentement des chefs,
bien qu'ils le pourroient faire,
mais ils seroient tenus comme
mal appris. Les hommes font
les rets pour pescher, & prendre
le poisson en esté comme en hyuer, qu'ils peschent ordinairement, & prénent le poisson iusques soubs la glace à la ligne, ou
à la seine.

Et la façon de ceste pesche est
telle, qu'ils font plusieurs trous
en rond sur la glace & celuy par
ou ils doibuent tirer la seine a
quelque cinq pieds de long, &
trois pieds de large, puis commançent par ceste ouuerture à
mettre leur filet, lesquels ils attachent

Fachent à vne perche de bois, de
ſix à ſept pieds de long , & la
mettent deſſoubs la glace, &
font courir ceſte perche de
trou en trou, ou vn hom-
me, ou deux , mettent les
mains par les trous, prenant
la perche ou eſt attaché vn bout
du filet, iuſques à ce qu'ils viennent ioindre l'ouuerture de
cinq à ſix pieds. Ce faict, ils laiſſent couller le rets au fonds de
l'eau, qui va bas, par le moyen
de certaines petites pierres qu'-
ils attachent au bout, & eſtans
au fonds de l'eau, ils le retirent
à force de bras par ſes deux
bouts , & ainſi amenent le poiſſon qui ſe trouue prins dedans. Voila la façon en bref

P

comme ils en vſent pour leur
peſche en hyuer.

L'hyuer commance au mois
de Nouembre, & dure iuſques
au mois d'Auril, que les arbres
commançent à pouſſer leur ce-
ue dehors, & à montrer le bou-
ton.

Le 22. iour du mois d'Auril,
nous euſmes nouuelles de noſtre truchement, qui eſtoit allé à
Carentoüan par ceux qui en e-
ſtoient venus, leſquels nous dirent l'auoir laiſſé en chemin, &
s'en eſtoit retourné au Village
pour certaines conſiderations
qui l'auoient meu à ce faire.

Et reprenant le fil de mes diſcours, nos Sauuages s'aſſemblerent pour venir auec nous, & re-

conduire à nostre habitation, &
pour ce faire nous partismes de
leur pays le vingtiesme iour dudit mois, & fusmes quarante
iours sur les chemins, & pechas-
mes grande quantité de poisson
& de plusieurs especes, comme
aussi nous prismes plusieurs fortes d'animaux, auec du gibier,
qui nous donna vn singulier
plaisir, outre la commodité que
nous en reçeusmes par le chemin, iusques à ce que nous arriuasmes à nos François, qui fut
sur la fin du mois de Iuing, où ie
trouuay le sieur du Pont, qui e-
stoit venu de France, auec deux
vaisseaux, qui desesperoient
presque de me reuoir, pour les
mauuaises nouuelles qu'il auoit

entenduës des Sauuages, ſçauoir
que i'eſtois mort.

Nous viſmes auſſi tous les Peres Religieux, qui eſtoient demeurez à noſtre habitation, leſquels auſſi furent font contents
de nous reuoir, & nous d'autre-
part qui ne l'eſtions pas moins.
Toutes receptions, & careſſes,
ainſi faictes, ie me diſpoſé de
partir du ſault Sainct Loüys,
pour aller à noſtre habitation,
& mené mon hoſte appellé d'A-
rontal auec moy, ayants prins
congé de tous les autres Sauuages, & apres que ie les eu aſſeurez de mon affection, & que ſi
ie pouuois ie les verrois à l'aduenir, pour les aſſiſter comme i'a-
uois deſ-jà faict par le paſſé, &

leur porteroient des presents
honneſtes , pour les entretenir
en amitié , les vns auec les autres, les priant d'oublier toutes
les diſputes qu'ils auoient euës
enſemble , lors que ie les mis
d'accord , ce qu'ils me promirent.

Ce fait, nous partiſmes le hui-
ctieſme iour de Iuillet, & arriuaſmes à noſtre habitation le 11.
dudict mois , ou eſtant, ie trouuay tout le monde en bon eſtat,
& tous enſemble rendiſmes
graces à Dieu, auec nos Peres
Religieux , qui chanterent le
ſeruice diuin, en le remerciãt du
ſoing qu'il auoit eu de nouscon-
ſeruer, & preſeruer, de tant de
perils, & dangers, ou nous eſtiõs
trouuez.   P iij

Apres ces chofes , & le tout e-
ftant en repos,ie me mis en debuoir de faire bonne chere à mon
hofte d'Arontal, lequel admi-
roit noftre baftiment, compor-
tement, & façons de viure, &
nous ayant bien confideré,il me
dift en particulier qu'il ne mou-
roit iamais contant, qu'il ne vift
tous fes amis, ou du moins bonne partie, venir faire leur de-
meurance auec nous pour apprendre à feruir Dieu, & la façon de noftre vie qu'il eftimoit
infiniment heureufe , au regard
de la leur,& que ce qu'il ne pouuoit comprendre par le difcours
il l'apprendroit , & beaucoup
mieux, & plus facillement par
la veuë, & frequentation fami-

liere qu'ils auroient auec nous,
& que si leur esprit ne pouuoit
comprandre l'vsage de nos arts,
sciences, & mestiers, que leurs
enfans qui sont ieunes le pourront faire comme ils nous a-
uoient souuent dict, & representé, en leur pays, en parlant
au Pere Ioseph,& que pour l'aduancement de cét œuure nous
faisions vne autre habitation au
sault Sainct Loüys, pour leur
donner la seureté du passage de
la riuiere pour la crainte de leurs
ennemis , & qu'aussi-tost que
nous aurions basty vne maison
ils viendront en nombre à nous
poury viure comme freres : ce
que ie leur promis, & asseuré,
faire à sçauoir vne habitation

P iiij

pour eux , au pluſtoſt qu'il
nous ſeroit poſſible.

Et apres auoir demeuré
quatre ou cinq iours enſemble,
ie luy donnay quelques honneſtes dons, il ſe contenta fort, le
priant touſ-jours de nous aymer, & de retourner voir no-
ſtredite habitation , auec ſes
compagnons, & ainſi s'en retourna contant au ſault Sainĉt
Loüys, ou ſes compagnons l'attendoient.

Comme ce Cappit. appelé
d'Arontal, fut party d'auec nous
nous fiſmes baſtir, fortifier & ac
croiſtre noſtre-ditte habitation
du tiers , pour le moins , par ce
qu'elle n'eſtoit ſuffiſamment lo-
geable, & propre pour reçeuoir,

ţant ceux de noſtre compagnie,
qu'autres eſtrãgers qui nous ve-
noiét voir, & fiſmes le tout bien
baſtir de chaux, & ſable, y en
ayãt trouué de treſbonne, en vn
lieu prochede ladite habitation,
qui eſt vne grande commodité
pour baſtir, à ceux qui s'y vou-
dront porter, & habituër.

Les Pere Denis, & Pere Ioſeph
ſe delibererét de s'en reuenir en
France, pour témoigner par deçà tout ce qu'ils auoient veu, &
l'eſperãcequ'ils ſe pouuoiét pro-
mettre de la conuerſion de ces
premiers peuples, qui n'atten-
doiét autre ſecours que l'aſſiſtã-
ce des bõs Peres Religieux, pour
eſtre conuertis, & amenez, à noſtre foy, & Religió Catholique.

Ce fait, & pendant mon sejour en l'habitation, ie fis coupper du bled commun, à sçauoir,
du bledFrançois qui y auoit esté
semé, & lequel y estoit esleué
tresbeau, affin d'en apporter du
grain en France, & resmoigner
que ceste terre est bonne, & fer-
tile: aussi d'autre-part y auoit-il
du bled d'inde fort beau, & des
antes, & arbres, que nous auoit
donné le Sieur du Mons enNor-
mandie: bref tous les iardinages
du lieu estants en admirable beauté, semez en poix, febues, &
autres legumes, sitroüilles, raci-
nes de plusieurs sortes & tres-
bonnes par excellences, plantez
en choux, poirées, & autres herbes necessaires. Nous estans sur

le point de noſtre partement, nous laiſſaſmes deux de nos Reⸯ ligieux à noſtre habitation, à ſçauoir les Peres Iean d'Elbeau, & Pere Paciffique, fort contant de tout le temps qu'ils auoient paſſé audit lieu, & reſoulds d'y attendre le retour du Pere Ioſeph qui les debuoit retourner voir comme il fiſt l'année ſui- uante.

Nous embarquaſmes en nos barques le vingtieſme iour de Iuillet, & arriuaſmes à Tadouſ- ſac le vingt-troiſieſme iour du- dit mois, & ou le ſieur du Pont nous attendoit auec ſon vaiſſe- au preſt & appareillé, dans le- quel nous ambarquaſmes, & partiſmes le troiſieſme iour du

mois d'Aouſt, & euſmes le vent
ſi à propos, que nous arriuaſmes
à Honfleur en ſanté , graces à
Dieu , qui fut le 10. iour de Septembre , mil ſix cents ſeize , ou
eſtants arriuez , nous rendiſmes
loüange & actions de graces à
Dieu, de tant de ſoing qu'il a-
uoit eu de nous en la conſeruation de nos vies, & de nous a-
uoir comme arrachez , & tirez,
de tant de hazards ou nous a-
uions eſté expoſez, comme auſſi de nous auoir ramenez &
conduits en ſanté , iuſques dans
noſtre patrie, le priant auſſi d'eſmouuoir le cœur de noſtre Roy
& Noſſeigneurs de ſon Conſeil,
pour y contribuër de ce qui eſt
neceſſaire de leur aſſiſtance , aſ-

fin d'amender ces pauures peuples Sauuages à la cognoissance de Dieu, dont l'honneur reuiendra a sa Majesté, la grandeur & accroissement de son estat , & l'vtilité a ses sujects, & la gloire de tous ces desseings, & labeurs, a Dieu seul autheur de toute perfection, à luy donc soit honneur, & gloire. Amen.

CONTINUATION

des voyages & découuertures
faictes en la nouuelle France
par ledit Sieur de Champlain,
Cappitaine pour le Roy en la
Marine du Ponant l'an 1618.

AV commencement de l'année mil six cens dix-huict, le vingt-deuxiesme de Mars ie party de Paris, & mon beau frere que ie menay auec moy, pour me rendre à Hôfleur, havre ordinaire de nostre embarquement, où estant apres vn long seiour pour passer la cô-

trarieté des vents, & retournez
en leur bonace & fauorables au
voyage , nous embarquasmes
dans ledit grand vaisseau de ladite association , où commandoit le sieur du Pont-Graué, &
auec vn Gentil-homme, appellé
le sieur de la Mothe, lequel auroit dés auparauant fait voyage
auec les Iesuistes aux lieux de la
Cadye, où il fut pris par les An-
glois , & par eux mené aux Vir-
ginies, lieu de leur habitation:&
quelque temps apres le repasse-
rent en Angleterre, & de là en
France, ou le desir & l'affection
luy augmenta de voyager derechef en ladite nouuelle France,
qui luy fist rechercher les occa-
sions en mon endroit. Surquoy
ie l'au-

ie l'aurois asseuré d'y apporter
mon pouuoir & l'assister enuers
Messieurs nos associez , comme
me promettant qu'ils auroient
aggreable la rencontre d'vn tel
personnage, attendu qu'il leur
seroit fort necessaire esdicts
lieux.

Nostre embarquement ainsi
faict, nous partismes dudict lieu
de Honfleur le 24. iour de May
ensuiuant audit an 1618. ayant le
vent propre pour nostre route,
qui neantmoins ne nous dura
que bien peu de iours, qui changea aussi-tost, & fusmes tousjours contrarié de mauuais
temps, iusques à arriuer sur le
grand banc ou se font les pescheries du poisson vert , qui fut

Partemēt
de Hon-
desleur
pour aller
en la
nouuelle
France.

Q

le troisiesme iour de Iuin ensuiuant, ou estant, nous apperceus-
mes au vent de nous quelques
bancs de glaces, qui se deschar-
geoient du costé du Nort, & en
attendant le vent commode,
nous fismes pescheries de poisson, ou il y auoit vn grand plaisir, non pour la pesche du poisson seulement, mais aussi d'vne
sorte d'oiseaux, appellez Fau-
quets, & d'autres sortes qui se
prennent a la ligne, comme le
poisson, car iettant la ligne, &
l'ameçon, garny de foye des
moruës, qui leur seruoit d'ap-
past : ces oiseaux se iettoient
a la foulle, & en telle quantité
les vns sur les autres, qu'on n'a-
uoit pas le loisir de tirer la ligne

*Pescherie
plaisante
d'oiseaux
sur le
grand
ban.*

hors pour la rejetter, qu'ils se
prenoient par le bec, par les
pieds, & par les aisles en vol-
lant, & se precipitant sur l'ap-
past, a cause de leur grande a-
uidité, & gourmandise, dont
ceste nature d'oiseaux est com-
posée, & en ceste pesche-
rie nous eusmes vn extres-
me contentemens, tant en
ceste exercice, qu'au grand
nombre infiny d'oiseaux, &
grande quantité de poisson
que nous prismes, fort ex-
cellents à manger, & com-
modes pour vn rafraischis-
sement, chose fort necessaire
audit vaisseau.

Et continuant nostre route
le 15. iour dudict mois, nous

nous trouuasmes au trauers de
l'isle percée, & le iour S. Iean ensuiuant nous entrasmes au port
de Tadoussac, ou nous trouuasmes nostre petit vaisseau, arriué
trois sepmaines deuant nous, les
gents duquel nous dirent que le
Sieur des Chesnes qui commandoit en icelle estoit allé à Quebec, lieu de nostre habitation, &
de là deuoit aller aux trois riuieres pour attendre les sauuages
qui y debuoient venir de plusieurs contrées pour traicter,
comme aussi pour sçauoir ce
qu'on debuoit faire, & deliberer, sur la mort aduenuë dedeux
de nos hommes de l'habitation,
qui perfidement, & par trahi-
son, furent tuez par deux mes-

chants garçons ſauuages, Mon-
taigners, ainſi que ceux dudict
vaiſſeau nous firent entendre,
& que ces deux pauures gents
furent tuez allans à la chaſſe, il y
auoit prés de deux ans, ayans
ceu x de ladicte habitation touſ-
jours creu qu'ils s'eſtoient no-
yés par le moyen de leur canau,
renuerſé ſur eux, iuſques a ce
que depuis peu de temps l'vn
deſdicts hommes ayant conçeu
vne haine contre les meurtriers,
en auroient aduerty, & donné
l'aduis a nos gens de ladite habitation, & comment ce meurtre
arriua, & le ſubject d'icelluy,
duquel pour aucunes conſiderations il m'a ſemblé a propos
d'en faire le recit, & de ce qui ſe

Q iij

paſſa lors ſur ce ſubiect.

Quand au diſcours de ce-
ſte affaire, il eſt preſque impoſ-
ſible d'en tirer la verité, tant à
cauſe du peu de teſmoignage
qu'on en peut auoir eu, que par
la diuerſité des rapports qui
s'en ſont faits, & la plus grande partie d'iceux par preſuppo-
ſition, mais du moins en rap-
porteray-ie en ce lieu, ſuiuant
le recit du plus grand nombre,
plus conforme a la verité, &
que i'ay trouué eſtre le plus
vray-ſemblable. Le ſuiet de l'aſſaſſin de ces deux pauures deffuncts eſt, que l'vn de ces deux
meurtriers frequétoiét ordinairement en noſtre habitation, &
y receuoit mille courtoiſies, &

Diſcours ſur le ſu-jet des 2. hommes tuez.

gratifficacions, entr'autres du
ſieur du Parc, Gentilhomme de
Normandie, commandant lors
audict Quebec, pour le ſeruice
du Roy, & le bien des Marchands de ladite aſſociation, qui
fut en l'année 1616. lequel Sauuage en ceſte frequentation ordinaire, par quelque ialouſie re-
ceut vn iour quelque mauuais
traictement de l'vn des 2. morts,
qui eſtoit ſerrurier de ſon art, lequel ſur aucunes parolles batit
tellement ledict Sauuage, qu'il
luy donna occaſion de s'en re-
ſouuenir, & ne ſe côtérât pas de
l'auoir batru, & outragé, il inci-
toit ſes compagnons de faire le
ſemblable: ce qui augméta d'a-
uàntage au cœur ledit Sauuage

la haine, & animosité a l'encontre dudit Serrurier, & ses compagnons, & qui le poussa a rechercher l'occasion de s'en venger, espiant le temps, & l'opportunité pour ce faire, se compor-
tant neantmoins discrettement
& a l'accoustumée, sans faire
demonstration d'aucun ressen-
timent: Et quelque temps apres
ledit Serrurier, & vn Mathelot,
appellé Charles Pillet, de l'isle
de Ré, se delibererent d'aller à la
chasse, & coucher trois ou quatre nuicts dehors, & a cét effect
équipperent vn canau, & se mirent dedans, partirent de Quebec pour aller au Cap de Tour-
mente, en de petites isles, ou
grande quantité de gibier, &

oiseaux, faisoient leur retraicte,
ce lieu estant proche de l'isle
d'Orleans, distant de sept lieuës
dudit Quebec, lequel partemét
des nostres fut incontinent des-
couuert par lesdits deux sauuages, qui ne tarderent guieres a se
mettre en chemin pour les suiure, & executer leur mauuais
desseing : En fin ils espierent ou
ledict serrurier, & son compagnon, iroient coucher, affin de
les surprendre : ce qu'ayant recognu le soir deuant, & le matin venu, à l'aube du iour, lesdits
deux sauuages s'escoulent dou-
cemét le long de certaines prairies, assez aggreables ; & arriuez
qu'ils furent à vne pointe proche du giste de Recerché, &

de leur canau, mirent pied
à terre, & se jetterent en la
cabanne, ou auoient couché
nos gents, & ou ils ne trouuerent plus que le Serrurier, qui se
preparoit pour aller chasser, a-
pres son compagnon, & qui
ne pensoit rien moins que ce
qui luy debuoit aduenir : l'vn
desquels Sauuages s'approcha de luy, & auec quel-
ques douces parolles il luy
leua le doubte de tout mauuais soupçon, afin de mieux
le tromper : & comme il
le vit baissé, accommodant
son harquebuse, il ne perdit
point de temps, & tira vne
massuë qu'il auoit sur luy
caché, & s'en donna au

Serrurier sur la teste si grand
coup, qu'il le rendit chance-
lant, & tout estourdy : Et
voyant le Sauuage que le
Serrurier vouloit se mettre en
deffence, il redouble derechef son coup, & le renuer-
se par terre, & se jette sur
luy, & auec vn cousteau luy
en donna trois, ou quatre,
coups dedans le ventre, & le
tua ainsi miserablement, &
affin d'auoir aussi le Mathelot, compagnon du Serru-
rier, qui estoit party du grand
matin pour aller à la chasse,
non pour aucune haine particu-
liere qu'ils luy portassent, mais
afin de n'estre découuerts, ny a-
cusez par luy. Ils y ont le cerchá

deçà & delà, en fin le defcou-
urent par l'oüye d'vne harque-
bufade, laquelle entenduë par
eux, ils s'aduancerent promptement vers le coup , affin de ne
donner temps audict Mathelot
de recharger fon harquebufe,
& fe mettre en deffence, & s'a-
prochãt de luy, il le tira à coups
de flefche, & l'ayant abattu par
terre de ces coups, ils courent
fur luy, & l'acheuent à coups de
coufteau.   Ce faict, ces meurtriers emportent le corps auec
l'autre , & les lierent enfemble,
l'vn contre l'autre, fi bien qu'ils
ne fe pouuoient feparer, apres
il leur attacherent quantité de
pierres , & cailloux, auec leurs
armes, & habits, affin de n'eftre

descouuerts par aucune remarque, & les porterent au milieu de la riuiere, les jettent, & coulent au fonds de l'eau, ou ils furent vn long-temps, iusques a ce que par la permissió de Dieu les cordes se rompirent, & les corps jettez sur le riuage, & si loing de l'eau, que c'estoit vne merueille, le tout pour seruir de parties complaignantes, & de tesmoins irreprochables a l'encontre de ces deux cruels, & perfides, assassinateurs : car on trouua ces deux corps loing de l'eau, plus de vingt pas dans le bois, encores liez, & garottez, n'ayans plus que les os tous décharnez, comme vne carcasse, qui neantmoins ne s'estoient

point separez pour vn si long-
temps, & furent les deux pauures corps trouuez long-temps
apres par ceux de nostre habitation, les cherchant & deplorant
leur absence le long des riuages
de ladite riuiere, & ce contre l'o-
pinion de ces deux meurtriers
qui pensoient auoir faict leurs
affaires si secrettes, qu'elles ne
se deuoient iamais sçauoir, mais
comme Dieu ne voulant par sa
Iustice souffrir vne telle mescha-
ceté, l'auroit faict descouurir par
vn autre sauuage, leur compagnon, en faueur de quelque dis-
grace par luy receuë d'eux, &
ainsi les meschants desseings se
descouurent.

Ce qui rendit les Pere Reli

gieux, & ceux de l'habitation,
fort eſtonnez en voyãt lescorps
de ces 2 miſerables, ayans les os
tous découuers, & ceux de la teſte briſez des coups de la maſſuë
qu'il auoit reçeus des ſauuages,
& furent leſdicts Religieux, &
autres de l'habitation, d'aduis de
reſerrer en quelque part d'icelle, iuſques au retour de nos vaiſſeaux, affin d'aduiſer entre tous
les François à ce qui ſeroit trouué bon pour ce regard: Cependant noſ gens de l'habitation ſe
reſolurent de ſe tenir ſur leurs
gardes, & de ne donner plus tãt
de liberté auſdits ſauuages, cõ-
me ils auoiẽt accouſtumé, mais
au contraire qu'il falloit auoir
raiſon d'vn ſi cruel aſſaſſin par

par vne forme de Iustice, ou par
quelque autre voye, ou pour le
mieux attendre nos vaisseaux,
& nostre retour, affin d'aduiser
tous ensemble le moyen qu'il
falloit tenir pour ce faire, & en
attendant conseruer les choses
en estat.

Mais les sauuages voyant que
leur malice estoit découuerte,
& eux, & leur assassin, en mauuais odeur aux François, ils en-
trerent en deffiance, & crainte,
que nos gents n'exerçassent sur
eux la vangeance de ce meurtre, se retirerent de nostre habitation pour vn temps, tant les
coulpables du faict que les autres conuaincus d'vne crainte
dont ils estoient saisis, & ne venoient

Sauuages
découuers
de leur
perfidie.

noient plus à ladicte habitation
comme ils auoient accouſtumé, attendant quelque plus
grande ſeureté pour eux.

Et ſe voyant priuez de noſtre conuerſation, & bon accueil accouſtumé, leſdicts Sauuages enuoyerent vn de leurs
compagnons, nommé par les
François la Ferriere, pour faire
leurs excuſes de ce meurtre, à
ſçauoir qu'ils proteſtoient ny a-
uoir iamais adheré, ny conſen-
ty aucunement, ſe ſoubſmet-
tant que ſi on vouloit auoir les
deux meurtriers pour en faire
la Iuſtice, les autres ſauuages le
conſentiroient volontiers, ſi
mieux les François n'auoient
aggreable pour reparation &

Sauuages vienent treuuer nos gents pour faire leurs excuſes & accord.

R

recompenſe des morts , quelques honneſtes preſens des pel-
leteries , comme eſt leur couſtume, & pour vne choſe qui eſt ir-
recuperable : ce qu'ils prierent
fort les François d'accepter pluſtoſt, que la mort des accuſez
qu'ils preuoyoient meſme leur
eſtre de difficille execution , &
ce faiſant oublier toutes choſes
comme non aduenuës.

A quoy de l'aduis des Peres
Religieux fut reſpondu & con-
clu, que leſdicts Sauuages ame-
neroient , & repreſenteroient,
les deux mal-faicteurs, affin de
ſçauoir d'eux leurs complices,
& qui les auoit incités à ce faire:
ce qu'ils firent entendre audit la
Ferriere pour en faire rapport à

ſes compagnons.

Ceſte reſolution ainſi priſe, ledict la Ferriere ſe retira vers ſes
compagnons, & leur ayant fait
entendre la reſolution desFran-
çois, ils trouuerent ceſte proce-
dure , & forme de Iuſtice à eux
fort eſtrange, & aſſez difficille,
d'autant qu'ils n'ont point de iuſtice eſtablie entr'eux, ſinon la
vengeance ou la recompenſe
par preſens. Et ayant conſideré
le tout , & conſulté ceſte affaire
entr'eux, ils appellerét les deu x
meurtriers & leur repreſenterét
le malheur où ils s'eſtoient pré-
cipitez, & l'éuenement de ce
meurtre, qui pourroit cauſer v-
ne guerre perpetuelle auec les
François , leurs femmes, &

R ij

enfans, en pourroient patir,
quant bien ils nous pourroient
donner des affaires, & nous tié-
droient ferrez en noſtre habitation, nous empeſcheroient de
chaſſer, cultiuer, & labourer les
terres , que nous ſommes en
trop petit nombre pour tenir la
riuiere ſerrée, comme par leurs
diſcours ils ſe perſuadoiét, mais
qu'en fin de toutes leurs con-
cluſions il valloit mieux viure
en paix auec leſdicts François,
qu'en vne guerre, & vne deffiā-
ce perpetuelle, & à ceſte cauſe
la compagnie deſdicts ſauuages
finiſſant le diſcours, & ayant repreſenté l'intelligence de ces
choſes auſdits accuſez, leur de-
mandent s'ils n'auroiét pas bien

le courage de se transporter a-
uec nous en ladite habitatiõ des
François, & de comparoir deuant eux, leur promettant qu'ils
n'auroient point de mal, que les
François estoient doux , & par-
donnoiĕt volontiers, bref qu'ils
feroient tant enuers eux, qu'ils
leur remettroient ceste faute, à
la charge de ne retourner plus à
telle meschãceté, lesquels deux
criminels se voyant conuaincus
en leur conscience, subirent à
ceste proposition, & s'accordĕt
de suiure cét aduis , suiuant lequel, à sçauoir l'vn d'eux qui se
prepara, & accommoda, d'habits, & d'ornements à luy possible, comme s'il eust esté inuité
d'aller aux nopces, ou a quelque

feste folemnelle, lequel en ceste
equippage vint en laditte habitation, accompagné de fon
pere, & autres des principaux
chefs, & Cappitaine de leur cõ-
pagnie : Quant à l'autre meur-
trier, il s'excufa de fe voyage,
craignant quelque punition e-
ftant conuaincu en foy-mefme
de ce mefchant acte.

Eftans donc entrez en ladicte
habitation, qui auffi toft fut cir-
cuite d'vne multitude de Sauuages de leur compagnie, on leua le pont, & chacun des François fe mit fur fes gardes, &
leurs armes en main faifant bon
guet, & fentinelles pofées aux
lieux neceffaires, craignant l'effort des Sauuages dedehors, par

ce qu'ils ſe doubtoient qu'on
vouluſt faire iuſtice actuelle du
coulpable, qui ſi librement s'e-
ſtoit expoſé a noſtre mercy, &
non luy ſeulement, mais auſſi
ceuxqui l'auoient accompagné
au dedans, leſquels pareillemét
n'eſtoient pas trop aſſeurez de
leurs perſonnes, voyant les choſes diſpoſées en ceſte façõ, n'eſperoient pas ſortir leur vies ſau-
ues. Le tout fut aſſez bien fait,
conduit, & executé, pour leur
faire ſentir la grandeur de ce
mal, & apprehender pour le fu-
tier, autrement il ny euſt eu plus
de ſeureté en eux, que les armes
en la main, auec vne per-
petuelle deffiance.

R iiij

Ce faict, eſtans leſdicts ſauuages ſur l'incertitude de l'éuenement de quelque effet contraire à cequ'ils eſperoient de nous,
les Peres Religieux commançent à leur faire vne forme de
harangue ſur çe ſubject criminel, leur repreſentant l'amitié
que les François leur auoient
portée depuis dix où donze ans
en çà, que nous auions commé-
cé à les cognoiſtre, & depuis
touſ-jours veſcu paiſiblement,
& familieremét auec eux, meſme auec telle liberté, qu'elle ne
ſe pouuoit exprimer: & de plus,
que ie les auois aſſiſtez de ma
perſonne par pluſieurs fois à la
guerre, contre leurs ennemis, &
à icelle expoſé ma vie pour leur

bié, sans qu'au prealable ils nous
y euſſent obligés aucunement,
ſinon que nous eſtions pouſſez
d'vne amitié & bonne vollonté
enuers eux, ayans compaſſion
de leurs miſeres & perſecutions
que leur faiſoient ſouffrir & en-
durer leurs ennemis. C'eſt pourquoy nous ne pouuions croire
que ce meurtre ſe fuſt faict ſans
leur conſentement, veu d'autre
part qu'ils entreprenoient de fauoriſer ceux qui l'ont commis.

Et parlant au Pere du criminel, il luy repreſente l'enormité
du faict exccuté par ſon fils, &
que pour reparation d'icelle, il
meritoit la mort, attendu que
par noſtre loy vn tel faict ſi per-

nicieux ne demeuroit impuny, & quicóque s'en trouue attaint & conuaincu, merite condemnation de mort, pour reparation d'vn si meschant faict, mais pour ce qui regardoit les autres habitants du païs, non coulpables de ce crime, on ne leur vouloit aucun mal, ny en tirer contr'eux aucune consequence.

Ce qu'ayant tous lesdicts sauuages bien entendu, ils dirent pour toutes excuses, neantmoins auec tout respect, qu'ils n'estoient point consentants de ce faict, qu'ils sçauoient tresbienque ces deux criminels meritoient la mort, si mieux, où n'aymoient leur pardonner, qu'ils sçauoient bien de fait leur

meſchanceté, non deuant, mais
apres le coup faict, & la mort de
ces deux pauures miſerables, ils
en auoient eu l'aduis, mais trop
tard, pour y remedier, & que ce
qu'ils auoient tenu ſecret, eſtoit
pour touſ-jours maintenir leur
familiere conuerſation , & cre-
dit enuers nous , proteſtant
qu'ils en auoient faict aux mal-
faicteurs de grandes reprimen-
des , & reputé le malheur qu'ils
auoient attiré , non ſur eux ſeulement, mais ſur toute leur nation, parents, & amis : ſurquoy ils leur auroient promis
qu'vn tel malheur ne leur ad-
uiendroit iamais, les priãt d'oublier ceſte faute , & de ne la tirer en conſequence, que ce fait

pourroit bien meriter, mais pluſtoſt de rechercher la cauſe premiere qui à meu ces deux Sauuages d'en venir là , & d'y auoir
eſgard: d'ailleurs, que librement
le preſent criminel s'eſtoit venu
rendre entre nos bras, non pour
eſtre puny, ains pour y reçeuoir
grace des François: Neantmoins
le Pere parlant aux Religieux
diſt en plorant, tien voila mon
fils qui à commis le delict ſup-
poſé, il ne vaut rien, mais a-
yes eſgard que c'eſt vn ieune fol
& inconſideré, qui a pluſtoſt
fait cèt acte par folie, pouſſé de
quelque vangeance, que par
prudence, il eſt en toy de luy
donner la vie, où la mort, tu en
peus faire ce que tu voudras,

d'autant que luy, & moy, som-
mes en ta puissance; & en suitte
de ce discours le fils criminel
prist la parolle, & se presentant,
asseuré qu'il estoit, dit ces mots.
L'apprehension de la mort ne
m'a point tant saisi le cœur, qu'il
m'aye empesché de la venir receuoir pour l'auoir merité, selon
vostre loy, me recognoissant
bien coulpable d'icelle : & lors
fist entendre à la compagnie la
cause de ce meurtre, ensemble
le desseing, & l'execution d'iceluy, selon, & tout ainsi, que ie
l'ay recité, & representé cy-dessus.

Apres le recit par luy faict, il
s'adresse à l'vn des facteurs, &
commis des Marchands de no-

ftre affociation, appellé Beau-
caire, le priant qu'il le fift mourir fans autre formalité.

Alors les Peres Religieux prirent la parole, & leur dirent que
les François n'auoient cefte cou
ftume de faire mourir entr'eux
ainfi fubittement les hommes,
& qu'il en falloit deliberer auec
tous ceux de l'habitation, & cefte affaire mife en deliberation
fur le tapis, fut aduifé qu'elle e-
ftoit de grande confequence,
qu'il la falloit conduire dextre-
ment, & la mefnager a propos,
attendant vne autre occafion
meilleure, & plus feure, pour en
tirer la raifon, & que pour lors
il n'eftoit ny à propos, ny rai-
fonnable pour beaucoup de

raiſons. La premiere que nous eſtions foibles, au regard du nombre des Sauuages qui eſtoit dehors & dedans noſtre habitation, qui vindicatifs & pleins de vangeance, comme ils ſont, euſſent peu mettre le feu par tout, & nous mettre en deſordre. La deuxieſme raiſon eſt, qu'il ny euſt plus eu de ſeureté en leur conuerſation, & viure en perpetuelle deffiance. La troiſieſme, que le commerce pourroit eſtre alteré, & le ſeruice du Roy retardé, & autres raiſons aſſez preignantes, leſquelles bien conſiderées fut aduiſé qu'il ſe falloit contenter de ce qu'ils

s'estoient mis en leur debuoir,
& submis d'y vouloir satisfaire,
tant par le pere du criminel, l'a-
yant representé, & offert, a la
compagnie, que par luy mesme,
à sçauoir le coulpable offrant
& exposant sa vie pour reparation de sa faute, mesme que le
pere offroit le representer toutesfois & quantes qu'il en seroit
requis : Ce qu'il failloit tenir
pour vne espece d'amande ho-
norable, & vne satisfaction à iustice : que luy remettant ceste
faute, non le criminel seullemét
tiendroit sa vie de nous, mais
aussi son pere & ses compagnós
se tiendroient fort obligez, &
que cependant il leur falloit dire par forme d'excuse, & de suject,

ject, que puiſque le criminel a-
uoit aſſeuré par affirmation pu-
blique, que tous les autres Sauuages n'eſtoient en rien adhe-
rans ny coulpables de ce fait, &
qu'auant l'execution d'iceluy
ils n'en auoient eu aucun aduis:
Conſideré auſſi que librement
il s'eſtoit preſenté à la mort, il
auoit eſté aduiſé de le rendre à ſon Pere, qui en demeure-
roit chargé, pour le repreſenter
toutesfois & quantes, à la charge auſſi que d'oreſ-en-auant il
feroit ſeruice aux François, on
luy donnoit la vie, pour demeurer luy & tous les Sauuages a-
mis, & ſeruiteurs des François.

Ceſte reſolution faite, neantmoins en attendāt les vaiſſeaux

S

de retour de France, pour, suiuant l'aduis des Cappitaines, &
autres, en resoudre diffinitiue-
ment, & auec plus d'authorité,
leur promettant tousjours toute faueur, & de leur faire sau-
uer la vie, & cependant pour
seureté leur fut dit, qu'ils lais-
seroient quelques-vns de leurs
enfans par forme d'hostage, à
quoy ils s'accorderent fort volontiers, & en laisserent deux
à l'habitation, entre les mains
desdicts Peres Religieux, qui
leur commançerent à montrer
les lettres, & en moins de trois
mois leur apprirent l'alphabet
des letres, & a les former, qui de
là fait iuger qu'ils se peuuét rendre propres & docilles à l'érudi-

tion, comme le Pere Ioſeph ne peut rendre teſmoignage.

Et iceux vaiſſeaux arriuez à bon port, nous euſmes l'aduis du ſieur du Pont Graué, & quelques autres, & moy, comme ceſte affaire s'eſtoit paſſée, ſelon le diſcours cy-deſſus, & alors tous enſemble aduiſaſmes qu'il eſtoit à propos de faire reſſentir aux Sauuages l'énormité de ce meurtre, & neantmoins n'en venir à execution pour aucunes bonnes raiſons, voire pour pluſieurs conſiderations qui ſe pourront dire cy-apres.

Et auſſi-toſt que nos vaiſſeaux furent entrez au port de Tadouſſac, meſme dés le lendemain au matin, le ſieur

du Pont, & moy, nous remon-
tafmes en vne petite barque du
port, de dix a douze tonneaux,
comme d'autre-part le fieur de
la Mothe, auec le Pere Iean d'Al-
beau Religieux, & l'vn des Cô-
mis, & Facteur des Marchands,
appellé Loquin, s'embarquerét
en vne petite Challouppe , &
ainfi partifmes enfemble dudit
Tadouffac demeurãs au vaiffeau
vn autre Religieux, appellé Pere Modefte , auec le Pillotte, &
le Maiftre du vaiffeau, pour la
conferuation de l'èquippage,
reftans en icelluy, & arriuafmes
a Quebec, lieu de noftre habitation, le vingt-feptiefme iour de
Iuin enfuiuant, où nous trouuafmes les Peres Iofeph, Paul, &

Paſſifique Religieux , auec le
ſieur Hebert , & ſa famille , &
autres hommes de l'habitation,
ſe portans tous bien , & ioyeux
de noſtre retour , en bonne ſanté eux & nous, graces à Dieu.

Le meſme iour le ſieur duPōt *Le ſieur*
delibera d'aller au lieu des trois *du Pont*
riuieres,ou ſe faiſoit la traite des *va aux*
Marchands , & porter auec luy *trois ri-*
quelques marchandiſes pour *nieres,&*
aller trouuer le ſieur des Chef- *demeure*
nes qui y eſtoit deſ-ja, & mena *à l'habi-*
auec luy ledict Loquin,comme *tatiōn.*
ſuſdict , & pour mon regard ie
demeuray en noſtre habitation
quelques iours , ou ie m'occup-
pé aux affaires d'icelles,entr'autres choſes à faire vn fourneau
pour faire vne eſpreuue de cer-

taines cendres dont on m'auoit
donné le memoire, lefquelles, à
la verité, font de grande valleur,
mais il y à de la peine, de l'indu-
ftrie, vigillance, & de la con-
duite, & parce qu'il eft requis
en l'exercice, & façon de ces
cendres des hommes entendus
en cét art, & en quantité conuenable. Cefte premiere efpreuue n'a peu fortir à effect, la refer-
uant à vne autre plus grande
commodité.

Ie vifitay les lieux, les labou-
rages des terres que ie trouuay
enfemencées, & chargées, de
beaux bleds: les iardins chargez
de toutes fortes d'herbes, cóme
choux, raues, laictuës, pourpié,
ofeille, perfil, & autres herbes,

sitroüilles, concombres, melõs,
poix, féves, & autres legumes,
aussi beaux, & aduancez, qu'en
France, ensēble les vignes tranf-
portées, & plātez fur le lieu def-
jà bien aduancées, bref le tout
s'augmentant, & accroiffant, à
la veuë de l'œil: non qu'il en fail-
le donner la loüange apres Dieu
ny aux laboureurs, ny au fient
qu'on y ait mis, car comme il eft
à croire, il ny en à pas beaucoup,
mais à la bonté, & valleur de la
terre, qui de foy eft naturelle-
ment bonne, & fertille en toute forte de biens, ainfi que l'experience le demontre, & pour-
roit-on y faire de l'augmētation
& du profit, tant par le labourage d'icelle, culpture, & plants

S iiij

d'arbres fruittiers, & vignes,
qu'en nourriture & esleuation
de bestiaux, & vollatilles ordinaires en France : Mais ce qui
manque à ce beau desseing est
le peu de zelle, & affection, que
l'on à au bien & seruice du
Roy.

Ie sejournay quelque espace
de temps audict Quebec, en attendant autres nouuelles, &
lors suruint vne barque venant
de Tadoussac, enuoyée par le
sieur du Pont pour venir querir
les hommes, & marchandises,
restants audit grand vaisseau audit lieu, & passants par Quebec
ie m'embarquay auec eux pour
aller audit lieu des trois riuieres,
ou se faisoit la traicte, affin de

voir les Sauuages, & communi-
quer auec eux, & voir ce
qui se passoit touchant l'assassin
cy-dessus declaré, & ce qu'on y
pourroit faire pour pacifier &
adoucir le tout.

Et le cinquiesme iour de Iuillet ensuiuant, ie party de Quebec le Sr.de la Motte auec moy,
pour aller audit lieu des trois riuieres, tant pour faire ladicte
traicte, que voir les Sauuages,
& arriuasmes sur le soir deuant
Saincte Croix, lieu sur le chemin ainsi appellé, ou nous ap-
perçeusmes vne Challouppe,
venant droict à nous, ou il y a-
uoit quelques hommes, de la
part des sieurs du Pont, des
Chesnes, & quelques autres

Mon par-
tement
pour aller
aux trois
riuieres.

Commis & facteurs des Marchands me prierent de depef-
cher promptement laditte
Chalouppe , & l'enuoyer
audict Quebec querir quelques marchandiſes reſtantes,
& qu'il eſtoit venu vn grand
nombre de Sauuages , à
deſſeing d'aller faire la guerre.

Leſquelles nouuelles nous
furent fort aggreables, &
pour leur ſatisfaire dés le
lendemain au matin , ie
laiſſay ma barque , & m'em-
barquis dans vne challouppe , pour aller plus promptement veoir les ſauua-
ges , & l'autre qui ve--

noit des trois riuieres con-
tinua son chemin a Que-
bec , & fismes tant a force de rames, que nous arriuasmes audit lieu le septies-
me iour de Iuillet , sur les
trois heures du soir, ou e-
stans , ie mis pied à terre,
lors tous les sauuages de ma
cognoissance, & au païs desquels i'auois esté famillier auec
eux, m'attendoient auec impatience & vindrent au deuant de
moy & comme fort contans &
ioyeux de me reuoir, m'embras-
sant l'vn apres l'autre , auec
demonstration d'vne grande
res-joüissance, comme aussi de
ma part ie leur faisois le seblable

& ainſi ſe paſſa la ſoirée, & reſte
dudict iour en ceſte allegreſſe
iuſques au lendemain que leſdits Sauuages tindrent entr'eux
Conſeil, pour ſçauoir de moy ſi
ie les aſſiſterois encores en leurs
guerres contre leurs ennemis,
ainſi que i'auois fait par le paſſé,
& comme ie leur auois aſſeuré,
deſquels ennemis ils ſont cruellement moleſtez & trauaillez.

Et cepandant de noſtre part
conſultaſmes enſemble pour
reſoudre ce que nous auions affaire ſur le ſubject du meurtre
de ces deux pauures deffuncts,
affin d'en faire Iuſtice, & par
ce moyen les ranger au deuoir
de rien faire à l'aduenir.

Quand à l'instance requise par les Sauuages , pour faire la guerre à leurs ennemis, ie leur fis responce que la volonté ne m'auoit point changée, ny le courage diminué : Mais ce qui m'empeschoit de les assister estoit, que l'année derniere , lors que l'occasion, & l'opportunité s'en presentoit, ils me manquerent au besoing, d'autant qu'ils m'auoient promis de reuenir auec bon nombre d'hommes de guerre, ce qu'ils ne firent, qui me donna subject de me retirer sans faire beaucoup d'effect , & que neantmoins il falloit en aduiser , mais que pour le present il estoit raisonnable de resoudre ce qu'il falloit faire sur la mort

assassinat de ces deux pauures
hommes, & qu'il en falloit tirer
raison, alors sortans de leur conseil comme en cholere & faschez sur ce subject , ils s'offrirent de tuër les criminels, & y
aller dés lors en faire l'executió
si on voulloit le consentir, recognoissant bien entr'eux l'enormité de ceste affaire, à quoy neantmoins nous ne voullusmes
entendre, remettant seullement
leur assistance a vne autre fois,
en les obligeant de reuenir vers
nous auec bon nombre d'hommes l'année prochaine, & que
cepandant ie supplierois le Roy
de nous fauoriser d'hommes, de
moyens, & commoditez, pour
les assister , & les faire ioüyr du

repos par eux esperé, & de là victoire sur leurs ennemis, dont
ils furent fort contents, & ainsi
nous nous separasmes, encores
qu'ils firent 2. où 3. assemblées
sur ce subject, qui nous fist passer quelques heures de temps.
Deux ou trois iours apres mon
arriuée audit lieu, ils commançerent à se res-joüyr, dancer,
& faire plusieurs grands festins
sur l'esperance de la guerre a
l'aduenir, ou ie les deuois assister.

Ce fait, ie representé audict
sieur du Pont ce qu'il me sembloit de ce meurtre, qu'il étoit à
propos d'en faire vne plus grande instance, & quoy voyant

Mon ad-
uis au
sieur du
Pont sur
la mort
de nos
hommes.

les Sauuages se pourroient li-
centier, non seulement d'en faire de mesme, mais de plus pre-
judiciable, que ie les recognois-
sois estre gents qui se gouuer-
nent par exemple, qu'ils pourroient accuser les François de
manquer de courage, que de
n'en parler plus, ils iugeront
que nous aurons peur, & crainte d'eux, & les laissans passer à si
bon marché, ils se rendrôt plus
insolents, audacieux, & insup-
portables, mesmes leur donneroit subject d'entreprendre de
plus grands & pernicieux desseings : d'ailleurs que les autres
nations sauuages qui ont, ou auront cognoissance de ce faict,
& demeurez sans estre vengez,
où

où vengez par quelque dons &
prefens ; comme c'eſt leur couſtume , ils ſe pourroient vanter
que de tuër vn homme, ce n'eſt
pas grande choſe , puiſque que
les François en font ſi peu d'e-
ſtat , de voir tuër leurs compagnons par leurs voiſins, qui boiuent , & mangent auec eux , ſe
pourmenent , & conuerſent fa-
milierement auec les noſtres,
ainſi qu'il ſe peut voir.

Mais auſſi d'autre-part reco-
gnoiſſants les Sauuages gents
ſans raiſon, de peu d'accés, & fa-
ciles à s'eſtranger, & fort prōpts
à la vangeance : Que ſi on les
preſſe d'en faire la Iuſtice, il n'y
auroit nulle ſeureté pour ceux
qui ſe diſpoſeront de faire les
T

descouuertures parmy eux.
C'est pourquoy, le tout confideré, nous nous resolusmes de
couller ceste affaire à l'amiable,
& passer les choses doucement,
laissant faire leur traicté en paix
auec les commis & facteurs des
Marchands, & autres qui en a-
uoient la charge.

Or y auoit-il auec eux vn appellé Estienne Brulé, l'vn de nos
truchemens, qui s'estoit addon-
né auec eux depuis 8. ans, tant
pour passer son temps, que pour
voir le pays, & apprendre leur
langue & façon de viure, & est
celuy que i'auois enuoyé, &
donné charge d'aller vers les
Entouhonorons à Carantoüan,
affin d'amener auec luy les 500.

hommes de guerre qu'ils auoiēt
promis nous enuoyer pour nous
affister en la guerre où nous e-
ftions engagés contre leurs ennemis, & dont mention eft faite au difcours de mon precedēt
liure. I'appelle cét homme, fçauoir EftienneBrulé, & communiquant auec luy, ie luy deman-
day pourquoy il n'auoit pas a-
mené le fecours des 500. hommes, & la raifon de fon retardement, & qu'il ne m'en auoit
donné aduis, alors il m'en dift le
fubject, duquel il ne fera trouué
hors de propos d'en faire le recit, eftans plus à plaindre qu'à
blafmer, pour les infortunes
qu'il reçeut en cefte commif-
fion.

T ij

Il commança à me dire que
depuis qu'il eut prins congé de
moy pour aller faire ſon voyage, & executer ſa commiſſion,
il ſe mit en chemin auec les 12.
Sauuages que ie luy auois baillé lors pour le conduire, & luy
faire eſcorte à cauſe des dangers
qu'il auoit à paſſer, & tant che-
minerentqu'ils paruindrent iuſques audit lieu de Carantoüan,
qui ne fut pas ſans courir fortu-
ne, d'autant qu'ils leur falloit
paſſer par les païs & terres des
ennemis, & pour éuiter quelque mauuais deſſeing, ils furent
en cerchant leur chemin plus
aſſeuré de paſſer par des bois, foreſts, & halliers eſpois & diffici-
les, & par des pallus mareſca-

geux, lieux & deferts fort af-
freux,& non frequentés,le tout
pour euiter le danger,& la rencontre des ennemis.

Et neantmoins ce grand foin
ledit Brulé , & fes compagnons
fauuages en trauerfans vne cã-
pagne ne laifferent de faire rencontre de quelques fauua-
ges ennemis, retournans à leur
village , lefquels furent fur-
prins, & deffaicts par nof-
dicts fauuages, dont quatre des
ennemis furent tués fur le chãp,
& deux prins prifonniers, que
ledit Brulé, & fes compagnons
emmenerent iufques audit lieu
de Carantoüan,où ils furent reçeus des habitans dudit lieu , de
bonne affection , & auec toute

allegreſſe, & bonne chere, ac-
compagnée de dances, & feſtins, dont ils ont accouſtumé
feſtoyer, & honorer, les eſtran-
gers.

Quelques iours ſe paſſerét en
ceſte bonne reception, & apres
que ledict Brulé leur euſt dict ſa
legation, & fait entendre le ſubject de ſon voyage, les ſauuages
dudit lieu s'aſſemblerent en có-
ſeil, pour deliberer & reſoudre
ſur l'enuoy des 500. hommes de
guerre, demandés par ledit Brulé.

Le conſeil tenu, & la reſolution priſe de les enuoyer, ils dó-
nerent charge de les aſſembler,
preparer, & armer, pour partir
& venir nous joindre, & trou-

uer où nous estions campez deuant le fort & village de nos ennemis, qui n'estoit qu'à 3. petites iournées de Carantoüan, ledit village muny de plus de 800.
hommes de guerre, bien fortifié
à la façon de ceux cydessus
specifiez , qui ont de hautes & puissantes pallissades,
bien liées & joinctes ensemble,
& leur logement de pareille façon.

Ceste resolution ainsi prinse
par les habitans dudict Carantoüan, d'enuoyer les 500. hommes, lesquels furent fort long-
temps à s'aprester, encores qu'ils
fussent pressés par ledit Brulé de
s'aduācer, leur representant que
s'ils tardoient d'auantage, ils ne

nous trouueroient plus audict
lieu, comme de faict ils ny peu-
rét arriuer que deux iours apres
noſtre partement dudict lieu,
que nous fuſmes contraincts
d'abandonner, pour eſtre trop
foibles & fatiquez par l'iniure du temps. Ce qui donna ſubject audict Brulé, &
le ſecours deſdicts cinq cents
hommes qu'il nous amenoit, de
ſe retirer, & retourner ſur leurs
pas vers leur village de Carantoüan, où eſtans de retour, ledit
Brulé fut contraint de demeurer & paſſer le reſte de l'Automne, & tout l'Hyuer, en attendāt
compagnie, & eſcorte, pour
s'en retourner, & en attendant
ceſte opportunité, il s'employe

a découurir le païs, visiter les nations voisines , & terres dudict
lieu, & se pourmenant le long
d'vne riuiere qui se descharge
du costé de la Floride, ou il y a
forces nations qui sont puissantes & belliqueuses, qui ont des
guerres les vnes contre les autres.   Le pays y est fort temperé, ou il y a grand nombre d'a-
nimaux , & chasse de gibier,
mais pour paruenir & courir
ces contrées, il faut bien auoir
de la patience pour les difficultez qu'il y à a passer par la pluspart de ses deserts.

Et continuant son chemin le
long de ladicte riuiere iusques à
la Mer, par des isles , & les terres

proches d'icelles, qui font habi-
tées de plufieurs nations , & en
grand nombre de peuples Sauuages , qui font neantmoins de
bon naturel , aymant fort la nation Françoife fur toutes les autres : Mais quant à ceux qui co-
gnoiffent les Flamans, ils fe plai-
gnent fort d eux, parce qu'ils les
traictent trop rudement , entr'-
autres chofes qu'il à remarqué
eft , que l'hyuer y eft affez temperé , & y nege fort rarement,
mefme lors qu'il y nege elle ny
eft pas de la hauteur d'vn pied,
& incontinent fonduë fur la
terre.

Et apres qu'il eut couru le païs
& découuert ce qui eftoit a remarquer , il retourna au village

de Carantoüan, afin de trouuer
quelque compagnie pour s'en
retourner vers nous en noſtre
habitation:Et apres quelque ſe-
jour audit Carantoüan, 5. ou 6.
des Sauuages prirent reſolution
de faire le voyage auec ledict
Brulé, & ſur leur chemin firent
rencontre d'vn grand nombre
de leurs ennemis, qui chargerét
ledict Brulé, & ſes compagnõs,
ſi viuement, qu'ils les firent eſ-
carter, & ſeparer les vns des autres, de telle façon qu'ils ne ſe
peurent r'allier , meſme ledict
Brulé qui auoit fait bãde à part,
ſur l'eſperance de ſe ſauuer, &
s'écarta tellemét des autres,qu'-
il ne peut plus ſe remettre, ny
trouuer chemin & adreſſe,pour

faire sa retraite en quelque part
que ce fust, & ainsi demeura er-
rant par les bois, & forests, durant quelques iours sans manger, & presque desesperé de sa
vie, estant pressé de la faim : En
fin rencontra fortuitement vn
petit sentier, qu'il se resolut suiure, quelque part qu'il allast, fut
vers les ennemis, ou non, s'ex-
posãt pluftoft entre leurs mains
sur l'esperance qu'il auoit en
Dieu, que de mourir seul & ainsi miserable : d'ailleurs qu'il sçauoit parler leur langage, qui luy
pourroit apporrer quelque
commodité.

Or n'euft-il pas cheminé longue espace, qu'il découurit trois
sauuages, chargés de poisson,

qui fe retiroient à leur village. Il
fe hafte decourir apres eux pour
les joindre, & les approchant il
commança les crier, comme eft
leur couftume, auquel cry ils fe
retournerent , & fur quelque a-
prehenfion, & crainte, firent
mine de s'enfuir, & laiffer leur
charge, mais ledit Brulé parlant
à eux les affeura , qui leur fift
mettre bas leurs arcs & fléches,
en figne de paix , comme auffi
ledit Brulé de fa part fes armes,
encores qu'il fuft affez foible &
debile de foy-mefme, pour n'a-
uoir mangé depuis trois ou quatre iours : Et à leur abort apres
leur auoir faict entendre fa for-
tune, & l'eftat de fa mifere en laquelle il eftoit reduit, ils betu-

nerent enſemble, comme ils
ont accouſtumé entr'eux, &
ceux de leur frequentation lors
qu'ils ſe viſitent.

Ils eurent comme vne pitié &
compaſſion de luy, luy offrant
toute aſſiſtance, meſme le menerent iuſques à leur village, ou
ils le traicterent, & donnerent à
manger: mais auſſi-toſt les peuples dudit lieu en eurent aduis, à
ſçauoir qu'vn Adoreſetoüy e-
ſtoit arriué, car ainſi appellent
ils les François, lequel nom vaut
autant à dire, comme gents de
fer, & vindrẽt à la foule en grãd
nombre voir ledit Brulé, lequel
ils prirent & menerent en la cabanne de l'vn des principaux
chefs, ou il fut interrogé, & luy

fut demandé qu'il estoit, d'ou il
venoit, qu'elle occasion l'auoit
poussé & amené en cedit lieu, &
comme il s'estoit égaré, & outre
s'il n'estoit pas de la nation des
François qui leur faisoient la
guerre : sur ce il leur fist responce qu'il estoit d'vne autre natiõ
meilleure, qui ne desiroient que
d'auoir leur cognoissance, & a-
mitié, ce qu'ils ne voulurẽt croire, ains se jetterent sur lui, & luy
arracherent les ongles auec les
dents, le brusserẽt auec des tisõs
ardens, & luy arracherẽt la bar-
be poil à poil, neãtmoins cõtre la
volõté du chef. Et en cét acces-
soire l'vn des sauuages aduisa vn
Agnus Dei, qu'il auoit pẽdu au
col, quoy voyant, demãda qu'il

auoit ainfi pendu à fon col, & le
voullut prendre & arracher,
mais ledict Brulé luy dit (d'vne
parolle affurée) fi tu le prends &
me fais mourir , tu verras que
tout incontinent apres tu mou-
ras fubitement , & tous ceux de
ta maifon, dont il ne fit pas e-
ftat, ains continuant fa mauuai-
fe volonté , s'efforçoit de prendre l'Agnus Dei , & le luy arracher, & tous enfemble difpofés
à le faire mourir , & auparauant
luy faire fouffrir plufieurs douleurs & tourments par eux ordinairement exercés fur leurs
ennemis. Mais Dieu qui luy faifant grace ne le voulluft perme-
tre , ains par fa prouidence fift
que le Ciel, qui de ferain & beau

qu'il

qu'il estoit, se changea subite-
ment en obscurité,& chargé de
grosses & espoisses nuées,se ter-
minerent en tonnerres, & es-
clairs si viollents, & continus,
que c'estoit chose estrange, &
épouuantable , & donnerent
ces orages vn tel épouuante-
ment aux Sauuages, pour ne
leur estre commun, mesme
n'en auoir iamais entendu de
pareil,ce qui leur fist diuertir,&
oublier, leur mauuaise volonté
qu'ils auoient à l'encontre dudit
Brulé, leur prisonnier,& le laissans l'abandonnerent,sans toutesfois le deslier , n'osans l'ap-
procher : Qui donna subject au
patient de leur vser de douces
parolles,les appellant & leur re-

monstrant le mal qu'ils luy faisoient sans cause, leur faisans
entendre combien nostre Dieu
estoit courroucé contr'eux
pour l'auoir ainsi maltraicté.

Lors le Cappitaine s'approcha
dudit Brulé, le deslia, & le mena
en sa maison, où il luy cura &
medicamenta ses playes, cela
faict, il ne se faisoit plus de dan-
ses, & festins, où res-joüyssan-
ces, que ledict Brulé ne fust appellé, & apres auoir estè quelque temps auec ses Sauuages, il
print resolution de se retirer en
nos quartiers vers nostre habitation.

Et prenans congé d'eux, il leur
promist de les mettre d'accord
auec les François, & leurs enne-

mis,& leur faire iurer amitié les
vns enuers les autres,& qu'a ceste fin il retourneroit vers eux
le pluftoft qu'il pourroit, &
luy partant d'auec eux ils le
conduirent iufques à quatre
iournées de leur village,& de là
s'en vint en la contrée & village des Atinouaentans , ou i'a-
uois def-ja efté, & là demeura
ledit Brulé quelque temps, puis
reprenant chemin vers nous, il
paffa par la Mer douce, & naui-
gea fur les coftes d'icelle quelques dix iournées du cofté du
Nort, ou auffi i'auois paffé allât
à la guerre, & euft ledict Brulé
paffé plus outre pour découurir les tetres de ces lieux,
comme ie luy auois donné

charge, n'euſt eſté qu'vn bruict
de leur guerre qui ſe preparoit
entr'eux, reſeruant ce deſſeing à
vne autre fois, ce qu'il me pro-
miſt de continuër, & effectuer
dãs peu de téps, auec la grace de
Dieu, & de m'y conduire pour
en auoir plus ample & particu-
liere cognoiſſance : Et apres
qu'il m'en euſt faict le recit, ie
luy donnay eſperance que l'on
recognoiſtroit ſes ſeruices, &
l'encouragay de continuër ceſte bonne volonté iuſques a noſtre retour, ou nousaurions moyen de plus en plus a faire choſe
dont il reçeuroit du contentement. Voila en fin tout
le diſcours & recit de ſon voyage, depuis qu'il partit d'auec

moy pour aller ausdites descouuertures, ce qui me donna du
contentement, sur l'esperance
de mieux paruenir par ce moyē
a la continuation & aduancement d'icelle.

Et à cét effect print congé de
moy pour s'en retourner auec
les peuples Sauuages, dont il a-
uoit cognoissance & affinité
par luy acquise en ses voyages
& descouuertures, le priant de
les continuër iusques à l'année
prochaine que ie retournerois
auec bon nombre d'hommes,
tant pour le recognoistre de ses
labeurs, que pour assister les sauuages, ses amis, en leurs guerres,
comme par le passé.

Et reprenant le fil de mon discours premier, faut noter qu'en mes derniers & precedents voyages & descouuertures, i'auois passé par plusieurs & diuerses nations de Sauuages non cogneus aux François, ny à ceux de nostre habitation, auec lesquels i'auois fait alliance, & iuré amitié auec eux, à la charge qu'ils viendroient faire traicte auec nous, & que ie les assisterois en leurs guerres : car il faut croire qu'il ny a vne seulle nation qui viue en paix, que la nation neutre, & suiuant leur promesse vindrent de plusieurs nations de peuples Sauuages nouuellement descouuertes les vns pour traicte de leur pelleterie, les autres pour voir les François, & experimenter quel traictement

& reception on leur feroit, ce
que voyant encouragea tout le
monde, tant les François a leur
faire bonne chere, & reception,
les honorant de quelques gratifications & presens, que les
facteurs des marchands leur
donnerent pour les contenter,
qui fut a leur contentement,
comme aussi d'autre-part tous
lesdits Sauuages promirent à
tous les François de venir, &
viure a l'aduenir en amitié les
vns & les autres, auec protesta-
tion chacun de se comporter a-
uec vne telle affection enuers
nous autres, qu'aurions sujet de
nous loüer d'eux, & au semblable
que nous les assistassions de nostre pouuoir en leurs guerres.

V iiij

La traicte ainsi faicte & para-
cheuée, & les sauuages partis &
congediez, nous nous retirafmes, & partismes des trois riuieres le 14. Iuillet audict an , & le
lendemain arriuasmes à Quebec, lieu de nostre habitation,
où les barques furent deschar-
gées des marchandises qui a-
uoient resté de ladicte traite, &
mises dedans le magasin des
Marchands qu'ils ont audit
lieu.

Ce faict, le sieur du Pont s'en
retourna à Tadoussac, auec les
barques, afin de les faire charger
& porter en laditte habitation
les viures, & choses necessaires
pour la nourriture & entrete-

nement de ceux qui y deuoient
hiuerner & demeurer, & cepandant que les barques alloient &
venoient pour apporter les viures & autres commoditez necessaires pour l'étretien de ceux
qui demeuroïent à l'habitation,
auquel lieu ie me deliberay d'y
demeurer pour quelques iours,
affin de faire fortifier & reparer
les choses necessaires pandant
mon sejour.

Et lors de mon partement de
laditte habitation, ie pris congé
des Peres Religieux, du sieur de
la Mothe, & de tous autres qui
demeuroient en icelle, sur l'esperance que ie leur donnay de
retournay, Dieu aydant, auec

bon nombre de familles pour peupler ce pays. Ie m'embarquay le 26. Iuillet, & les Peres Pol & Pacifique qui y auoit hiuerné trois ans, & l'autre Pere vn an & demy, afin de faire rapport, tant de ce qu'ils auoiét veu audit païs, que de ce qui s'y pouuoit faire: Nous partismes sedict iour de ladite habitation pour venir à Tadoussac faire nostre embarquement pour retourner en France, auquel lieu nous arriuasmes le lendemain, ou nous trouuasmes nos vaisseaux prests à faire voile & nostre embarquement faict, nous partismes dudict lieu de Tadoussac pour venir en France le 30. du mois de Iuillet 1618. &

arriuasmes à Hondefleur le 28.
iour d'Aoust, auec vent fort fauorable, & contentement d'vn
chacun.

FIN.